改　正
パートタイム労働法の詳解

—平成 27 年 4 月 1 日施行の改正法に対応—

労働法令協会　編

労 働 法 令

は　じ　め　に

　「短時間労働者の雇用管理の改善等に関する法律の一部を改正する法律」
が第186回通常国会において成立し、平成26年4月23日に公布され、平成
27年4月1日（一部は公布の日）から施行されることになりました。

　「短時間労働者の雇用管理の改善等に関する法律」（パートタイム労働法）
は、平成5年6月に制定されましたが、その後、平成19年6月に大幅に改
正され、パートタイム労働者の均等・均衡待遇の確保、待遇についての納
得性の向上、正社員への転換の推進、苦情や紛争の解決の促進等に関する
措置が定められ、パートタイム労働者の雇用管理の改善に一定の効果を上
げてきました。

　しかし、それでもなお、パートタイム労働者の待遇は必ずしもその働き
や貢献に見合ったものになっておらず、仕事に対する不満や不安を持つ者
も多く、パートタイム労働者のより一層の均等・均衡待遇の確保や納得性
の向上を図ることが必要になってきました。

　そこで、今回の法改正では、パートタイム労働者の待遇の原則の明確化、
正社員との差別的取扱いが禁止されるパートタイム労働者の範囲の拡大、
パートタイム労働者を雇い入れたときの待遇に関する説明、パートタイム
労働者からの相談に対応するための体制の整備等により、より一層、パー
トタイム労働者の均等・均衡待遇の確保を推進するとともに、パートタイ
ム労働者の納得性の向上を図ることとしたものです。

　本書は、このような今回の法改正の内容及びそれを含むパートタイム労
働法（施行規則や指針を含む。）全体の内容について、行政通達をもとに
詳細に解説するとともに、今回の法改正に関連する諸資料をまとめたもの
です。

　本書が、パートタイム労働者やパートタイム労働者を雇用する事業主そ
の他の関係者に広く利用され、パートタイム労働法の正しい理解とパート

タイム労働者の雇用管理の改善に少しでも役立つことができれば幸いです。

平成27年3月

編　　者

目　次

```
┌─────────────────────────────┐
│        改　　　正            │
│   パートタイム労働法の詳解   │
└─────────────────────────────┘
```

【目　次】

はじめに

Ⅰ　今回のパートタイム労働法の改正の経緯 ……………………7

Ⅱ　今回のパートタイム労働法の改正の内容 ………………10

　1　短時間労働者の公正な待遇の確保………………………………10

　2　短時間労働者の納得性を高めるための措置……………………11

　3　パートタイム労働法の実効性を高めるための規定の新設………13

　4　その他………………………………………………………………14

　5　施行期日……………………………………………………………14

Ⅲ　改正後のパートタイム労働法の概要 …………………………15

　1　この法律の目的……………………………………………………15

　2　短時間労働者の定義………………………………………………15

　3　事業主等の責務……………………………………………………15

　4　国及び地方公共団体の責務………………………………………16

　5　短時間労働者対策基本方針………………………………………16

　6　短時間労働者の雇用管理の改善等に関する措置………………17

　　(1)　労働条件に関する文書の交付等………………………………17

　　(2)　就業規則の作成の手続…………………………………………17

　　(3)　短時間労働者の待遇の原則……………………………………18

　　(4)　通常の労働者と同視すべき短時間労働者に対する賃金の決定、
　　　　教育訓練の実施、福利厚生施設の利用等についての差別的取扱
　　　　いの禁止……………………………………………………………18

3

(5) 通常の労働者と同視すべき短時間労働者以外の短時間労働者
の賃金の決定………………………………………………………18

(6) 通常の労働者と同視すべき短時間労働者以外の短時間労働者
に対する教育訓練の実施…………………………………………18

(7) 通常の労働者と同視すべき短時間労働者以外の短時間労働者
に対する福利厚生施設の利用機会の付与………………………19

(8) 短時間労働者の通常の労働者への転換の推進…………………20

(9) 事業主が講ずる措置の内容等の説明……………………………20

(10) 指針の策定…………………………………………………………20

(11) 短時間労働者からの相談に対応するための体制の整備………20

(12) 短時間雇用管理者の選任…………………………………………21

(13) 厚生労働大臣の報告の徴収並びに助言、指導及び勧告等……21

7 事業主等に対する国の援助等…………………………………………21

(1) 事業主等に対する援助……………………………………………21

(2) 職業訓練の実施等…………………………………………………21

(3) 職業紹介の充実等…………………………………………………22

(4) 雇用管理の改善等の研究等………………………………………22

8 紛争の解決………………………………………………………………22

(1) 短時間労働者からの苦情の自主的解決…………………………22

(2) 短時間労働者と事業主との間の紛争の解決……………………22

9 適用除外…………………………………………………………………23

Ⅳ 改正後のパートタイム労働法の逐条解説………………………24

第1章　総則………………………………………………………………24

1 目的………………………………………………………………24

2 定義………………………………………………………………26

3 事業主等の責務…………………………………………………32

4 国及び地方公共団体の責務……………………………………43

第2章　短時間労働者対策基本方針……………………………………44

第3章　短時間労働者の雇用管理の改善等に関する措置等…………46

4

第1節　雇用管理の改善等に関する措置·····················46

　　1　労働条件に関する文書の交付等·························46

　　2　就業規則の作成の手続·····························51

　　3　短時間労働者の待遇の原則·························53

　　4　通常の労働者と同視すべき短時間労働者に対する差別的

　　　取扱いの禁止·································56

　　5　賃金····································59

　　6　教育訓練·································62

　　7　福利厚生施設·······························64

　　8　通常の労働者への転換··························66

　　9　事業主が講ずる雇用管理の改善等の措置の内容等の説明········70

　　10　指針····································74

　　11　相談のための体制の整備·························91

　　12　短時間雇用管理者·····························92

　　13　報告の徴収並びに助言、指導及び勧告等·················93

第2節　事業主等に対する国の援助等····················96

　　1　事業主等に対する援助···························96

　　2　職業訓練の実施等·····························97

　　3　職業紹介の充実等·····························98

第4章　紛争の解決·································99

第1節　紛争の解決の援助···························99

　　1　苦情の自主的解決·····························99

　　2　紛争の解決の促進に関する特例·····················100

　　3　紛争の解決の援助····························101

第2節　調停····································102

　　1　調停の委任·································102

　　2　調停····································104

　　3　時効の中断（法第26条において準用する男女雇用機会

　　　均等法第24条関係)···························110

　　4　訴訟手続の中止（法第26条において準用する男女雇用

5

機会均等法第25条関係)‥‥‥‥‥‥‥‥‥‥‥‥‥‥‥‥‥‥‥111

　　5　資料提供の要求等（法第26条において準用する男女雇用

機会均等法第26条)‥‥‥‥‥‥‥‥‥‥‥‥‥‥‥‥‥‥‥112

　第5章　雑則‥‥‥‥‥‥‥‥‥‥‥‥‥‥‥‥‥‥‥‥‥‥‥‥113

　　1　雇用管理の改善等の研究等‥‥‥‥‥‥‥‥‥‥‥‥‥‥‥113

　　2　適用除外‥‥‥‥‥‥‥‥‥‥‥‥‥‥‥‥‥‥‥‥‥‥‥114

　　3　過料‥‥‥‥‥‥‥‥‥‥‥‥‥‥‥‥‥‥‥‥‥‥‥‥‥114

Ⅴ　パートタイム労働者に関係のある他の法律の規定の内容‥‥‥116

　1　労働契約法‥‥‥‥‥‥‥‥‥‥‥‥‥‥‥‥‥‥‥‥‥‥‥116

　2　労働基準法‥‥‥‥‥‥‥‥‥‥‥‥‥‥‥‥‥‥‥‥‥‥‥118

　3　育児・介護休業法‥‥‥‥‥‥‥‥‥‥‥‥‥‥‥‥‥‥‥‥120

　4　雇用保険法‥‥‥‥‥‥‥‥‥‥‥‥‥‥‥‥‥‥‥‥‥‥‥121

　5　健康保険法及び厚生年金保険法‥‥‥‥‥‥‥‥‥‥‥‥‥‥122

Ⅵ　参考資料‥‥‥‥‥‥‥‥‥‥‥‥‥‥‥‥‥‥‥‥‥‥‥‥‥123

　1　改正後の関係法令‥‥‥‥‥‥‥‥‥‥‥‥‥‥‥‥‥‥‥‥124

　2　国会審議関係‥‥‥‥‥‥‥‥‥‥‥‥‥‥‥‥‥‥‥‥‥‥140

　3　研究会及び審議会における検討関係‥‥‥‥‥‥‥‥‥‥‥‥143

　4　統計資料‥‥‥‥‥‥‥‥‥‥‥‥‥‥‥‥‥‥‥‥‥‥‥‥157

Ⅶ　様式例‥‥‥‥‥‥‥‥‥‥‥‥‥‥‥‥‥‥‥‥‥‥‥‥‥‥160

Ⅰ 今回のパートタイム労働法の改正の経緯

1 「短時間労働者の雇用管理の改善等に関する法律の一部を改正する法律」（以下「改正法」といいます。）が、平成26年4月23日、法律第27号として公布され、平成27年4月1日（附則の一部の規定は公布の日）から施行されることになりました。

改正法は、政府提出法案として、平成26年2月14日、第186回通常国会に提出され、衆参両議院での審議を経て、同年4月16日に成立したものです。

その後、改正法の施行に関して、同年7月24日、「短時間労働者の雇用管理の改善等に関する法律施行規則の一部を改正する省令」（平成26年厚生労働省令第85号）及び「事業主が講ずべき短時間労働者の雇用管理の改善等に関する措置等についての指針の一部を改正する件」（平成26年厚生労働省告示第293号）が公布・告示され、これらも、平成27年4月1日から施行・適用されることになりました。

2 パートタイム労働を取り巻く最近の状況をみると、パートタイム労働者は近年著しく増加しており、総務省の労働力調査によると、平成25年には1,568万人（非農林業雇用者の週就業時間35時間未満の者の数）に達し、雇用者総数5,399万人の約3割を占めるに至っており、また、そのうち約7割に当たる1,062万人が女性という状況になっております。

パートタイム労働は、子育て等の理由により就業時間に制約のある人が従事しやすい働き方として、女性をはじめ多くの人たちが選択しており、また、パートタイム労働者の中にも役職に就く等基幹的な役割を担う者も出てきているなど、パートタイム労働者が我が国の経済に果たす役割は益々重要になってきております。

しかし、パートタイム労働者の労働条件や処遇等は必ずしも適切・十

分と言えるものではなく、かねてより種々の問題が指摘されており、行政上、対策要綱や指針を策定し、それらに基づき啓発指導等が行われてきました。そして、平成5年には新たに「短時間労働者の雇用管理の改善等に関する法律」（平成5年法律第76号）（以下「パートタイム労働法」といいます。）が制定され、この法律等によりパートタイム労働者の雇用管理の改善が図られてきました。

　その後、平成19年にはこのパートタイム労働法が大幅に改正され、パートタイム労働者について、一定の労働条件の文書の交付等による明示、通常の労働者と同視すべき短時間労働者に対する差別的取扱いの禁止、賃金、教育訓練及び福利厚生についての均衡待遇の確保、待遇の決定に当たって考慮した事項の説明、通常の労働者への転換の推進、苦情や紛争の解決の促進等の措置が講じられることになりました。

　この平成19年の法改正は、これを機に約5割の事業所においてパートタイム労働者の雇用管理の見直しが行われるなど、パートタイム労働者の雇用管理の改善に一定の効果があったものと考えられます。

　しかし、それでも、依然として、パートタイム労働者の待遇は必ずしもその働きや貢献に見合ったものとはなっておらず、仕事に対する不満や不安を持つ者も多い状況にあり、パートタイム労働者のより一層の均等・均衡待遇の確保や納得性の向上を図ることが必要になってきておりました。

3　このような中で、厚生労働省では、平成19年の改正法の附則に定められた施行3年後の見直しに向けた検討規定に基づき、パートタイム労働法の見直しのための検討を行うこととなりました。

　すなわち、厚生労働省では、平成23年2月から学識経験者の参集を求めて「今後のパートタイム労働対策に関する研究会」を開催し、同研究会（座長：今野浩一郎学習院大学教授）は、同月から、平成19年の改正法の施行状況を含むパートタイム労働の実態とその課題について整理するとともに、今後のパートタイム労働対策の在り方について検討を行い、平成23年9月15日報告書を取りまとめました。

　その後、厚生労働省では、同年9月27日、労働政策審議会（会長：諏

訪康雄法政大学大学院教授）に今後のパートタイム労働対策の在り方について検討を依頼し、同審議会は、その雇用均等分科会（分科会長：林紀子弁護士）において上記報告書等をもとに検討を行い、平成24年6月21日、厚生労働大臣に対し「今後のパートタイム労働対策について」建議を行いました。

　今般のパートタイム労働法の改正法案は、この建議に基づいて作成され、上記1でみたとおり、平成26年2月14日第186回通常国会に提出され、同年4月16日成立したものです。なお、同法案の審議の過程で、衆議院厚生労働委員会及び参議院厚生労働委員会において附帯決議が付されております。

Ⅱ 今回のパートタイム労働法の改正の内容

　今回のパートタイム労働法の改正（その改正に伴う施行規則の改正や指針の改正を含みます。）は、通常の労働者との待遇についての差別的取扱いが禁止される「通常の労働者と同視すべき短時間労働者」の範囲の拡大や、短時間労働者の待遇の原則の新設、短時間労働者を雇い入れたときの待遇についての説明義務の新設、短時間労働者からの相談に対応するための体制整備の義務の新設等により、より一層、パートタイム労働者の均等・均衡待遇の確保を推進し、パートタイム労働者の納得性の向上を図るもので、その主な内容は以下のとおりです。

　（以下、改正法による改正後の「短時間労働者の雇用管理の改善等に関する法律」を「この法律」又は「法」といい、「短時間労働者の雇用管理の改善等に関する法律施行規則の一部を改正する省令」による改正後の「短時間労働者の雇用管理の改善等に関する法律施行規則」を「施行規則」又は「則」といい、「事業主が講ずべき短時間労働者の雇用管理の改善等に関する措置等についての指針の一部を改正する件」による改正後の「事業主が講ずべき短時間労働者の雇用管理の改善等についての措置等についての指針」を「指針」といいます。）

1　短時間労働者の公正な待遇の確保

(1)　通常の労働者との待遇についての差別的取扱いが禁止される「通常の労働者と同視すべき短時間労働者」の範囲の拡大（法第９条）

　通常の労働者との待遇についての差別的取扱いが禁止される「通常の労働者と同視すべき短時間労働者」は、これまで、①業務の内容及びその業務に伴う責任の程度（以下「職務の内容」といいます。）が通常の労働者と同一、②職務の内容及び配置の変更の範囲が通常の労

働者と同一、③無期労働契約を締結していることの3つの要件を満たす短時間労働者であるとされていましたが、改正後の法では、③の要件が削除され、①及び②の要件を満たす者であれば、有期労働契約を締結している短時間労働者であっても、差別的取扱いが禁止されることとなりました。

この改正により、通常の労働者との待遇についての差別的取扱いの禁止の対象となる短時間労働者は、10万人程度増加するものと見込まれています。

(2) 短時間労働者の待遇の原則の新設（法第8条）

事業主が、その雇用する短時間労働者の待遇を通常の労働者の待遇と相違するものとする場合には、その待遇の相違は、職務の内容、職務の内容及び配置の変更の範囲その他の事情を考慮して、不合理と認められるものであってはならないとされ、広くすべての短時間労働者を対象とした待遇の原則が定められることとなりました。

今後は、事業主は、この待遇に関する基本的な考え方も念頭に、短時間労働者の雇用管理の改善を図っていかなければならないことになります。

(3) 職務の内容に密接に関連して支払われる通勤手当を通常の労働者との均衡確保の努力義務の対象化（法第10条、則第3条）

通常の労働者と同視すべき短時間労働者以外の短時間労働者の賃金のうち、「通勤手当」という名称の賃金であっても、通勤の距離や実際に通勤にかかる費用に関係なく一律の金額が支払われているものなど、職務の内容に密接に関連して支払われるものについては、通常の労働者との均衡を考慮しつつ、短時間労働者の職務の内容、職務の成果、意欲、能力、経験等を勘案して決定するように努めることとなりました。

2 短時間労働者の納得性を高めるための措置

(1) 短時間労働者を雇い入れたときの待遇についての説明義務の新設（法第14条第1項）

事業主は、短時間労働者を雇い入れたとき（有期労働契約を更新し

たときを含みます。）は、当該事業所において実施する雇用管理の改善等の措置の内容について説明しなければならないこととなりました。

これまでも、短時間労働者から求めがあったときは、事業主は、短時間労働者の待遇の決定に当たって考慮した事項を説明しなければならないこととされていました（改正前の法第13条、改正後の法第14条第2項）が、短時間労働者の納得性を向上させるという観点から、新たに、短時間労働者を雇い入れたときに、当該事業所においてどのような雇用管理の改善等の措置が行われているかを説明することを義務付けたものです。

これにより事業主が説明することとなる雇用管理の改善等の措置の内容としては、例えば、当該事業所における賃金制度はどのようなものか、どのような教育訓練が行われるか、どの福利厚生施設が利用できるか、どのような正社員への転換推進措置があるか等が考えられます。

なお、短時間労働者から求めがあったときに事業主が説明することとなる事項としては、どのような要素をどのように勘案して賃金を決定したか、どのような教育訓練がなぜ行われるのか（又は行われないのか）、どの福利厚生施設をなぜ利用できるのか（又は利用できないのか）、正社員への転換推進措置の決定に当たり何を考慮したか等が考えられるものです。

(2) **短時間労働者が説明を求めたことによる不利益取扱いの禁止（指針第3の3の(2)）**

事業主は、短時間労働者が法第14条第2項の規定に基づき当該短時間労働者の待遇の決定に当たって考慮した事項について説明を求めたことを理由として、当該短時間労働者に対し不利益な取扱いをしてはならないこととなりました。また、短時間労働者が、不利益な取扱いをされることを恐れて、事業主に説明を求めることができないことがないようにすることとなりました。

(3) **短時間労働者からの相談に対応するための体制整備の義務の新設（法第16条）**

事業主は、短時間労働者の雇用管理の改善等に関する事項に関し、

短時間労働者からの相談に応じ、適切に対応するために必要な体制を整備しなければならないこととなりました。

その相談に対応するための体制の整備としては、相談担当者を決めて（例えば、短時間雇用管理者を相談担当者として）対応させる、事業主自身が相談担当者となる等のことが考えられます。

(4) 短時間労働者への相談窓口の周知（法第6条、則第2条）

短時間労働者を雇い入れたとき（有期労働契約を更新したときを含みます。）に事業主が文書の交付等により明示しなければならない事項として、①昇給の有無、②退職手当の有無、③賞与の有無のほか、新たに、「短時間労働者の雇用管理の改善等に関する事項に係る相談窓口」が追加されることとなりました。

その相談窓口としては、相談担当部署、相談担当者の役職及び氏名等を明示することが考えられます。

(5) 親族の葬儀等のために勤務しなかったことを理由とする解雇等の取扱い（指針第3の3の(3)）

短時間労働者が親族の葬儀等のために勤務しなかったことを理由として、解雇等をすることは適当でないこととなりました。

3 パートタイム労働法の実効性を高めるための規定の新設

(1) 厚生労働大臣の勧告に従わない事業主の公表制度の新設（法第18条第2項）

厚生労働大臣がこの法律上の義務規定に違反している事業主に対し是正の勧告をした場合において、事業主がこれに従わなかったときは、厚生労働大臣はその旨を公表することができることとなりました。

これにより、厚生労働大臣の勧告の実効性を迅速かつ確実に確保していくことができるものと考えられ、また、違反行為そのものを抑止する効果も期待できることとなります。

(2) 虚偽の報告等をした事業主に対する過料の新設（法第30条）

事業主がこの法律の規定による報告をせず、又は虚偽の報告をした場合、20万円以下の過料に処せられることとなりました。

これは、事業主からの報告徴収は適切な助言、指導及び勧告を行うための前提条件であるため、報告をせず、又は虚偽の報告をした事業主を過料に処することとし、確実な報告徴収による行政指導の実効性の確保を図ることとしたものです。

4 その他

(1) 指定法人（短時間労働援助センター）制度の廃止（改正前の法第5章の削除、改正前の則第10条〜第33条の削除）

指定法人（短時間労働援助センター）の指定は既に平成23年に廃止され、その後、短時間労働者の雇用管理の改善等の援助に係る業務は都道府県労働局において実施していることから、関係規定が削除されることとなりました。

5 施行期日

改正法は、原則として、平成27年4月1日から施行されます。

Ⅲ 改正後のパートタイム労働法の概要

1 この法律の目的

　この法律は、我が国における少子高齢化の進展、就業構造の変化等の社会経済情勢の変化に伴い、短時間労働者の果たす役割の重要性が増大していることから、短時間労働者について、その適正な労働条件の確保、雇用管理の改善、通常の労働者への転換の推進、職業能力の開発・向上等に関する措置等を講ずることにより、通常の労働者との均衡のとれた待遇の確保等を図り、これを通じて短時間労働者がその有する能力を有効に発揮することができるようにし、もって、短時間労働者の福祉の増進を図り、併せて経済及び社会の発展に寄与することを目的としています。

2 短時間労働者の定義

　この法律で「短時間労働者」とは、1週間の所定労働時間が同じ事業所の通常の労働者の1週間の所定労働時間に比べて短い労働者をいいます。

　パートタイマー、アルバイト、嘱託、契約社員、臨時社員などと名称は異なっても、上記に該当する労働者であれば、この法律の「短時間労働者」に該当し、この法律の対象となります。

3 事業主等の責務

事業主は、その雇用する短時間労働者について、その就業の実態等を考慮して、適正な労働条件の確保、教育訓練の実施、福利厚生の充実等の雇用管理の改善及び通常の労働者への転換の推進（以下「雇用管理の改善等」といいます。）に関する措置等を講ずることにより、通常の労

働者との均衡のとれた待遇の確保等を図り、当該短時間労働者がその有する能力を有効に発揮することができるように努めなければなりません。

また、事業主の団体は、その構成員である事業主の雇用する短時間労働者の雇用管理の改善等に関し、必要な助言、協力等の援助を行うように努めなければなりません。

4 国及び地方公共団体の責務

国は、短時間労働者の雇用管理の改善等について、事業主その他の関係者の自主的な努力を尊重しつつ、その実情に応じてこれらの者に対し必要な指導、援助等を行うとともに、短時間労働者の能力の有効な発揮を妨げている諸要因の解消を図るために必要な広報その他の啓発活動を行い、その職業能力の開発・向上等を図る等、短時間労働者の雇用管理の改善等の促進その他その福祉の増進を図るために必要な施策を総合的・効果的に推進するように努めることとされています。

また、地方公共団体は、上記の国の施策と相まって、短時間労働者の福祉の増進を図るために必要な施策を推進するように努めることとされています。

5 短時間労働者対策基本方針

厚生労働大臣は、短時間労働者の福祉の増進を図るため、短時間労働者の雇用管理の改善等の促進、職業能力の開発・向上等に関する施策の基本となるべき方針（短時間労働者対策基本方針）を定めることとされています。

短時間労働者対策基本方針には、短時間労働者の労働条件、意識や就業の実態等を考慮して、①短時間労働者の職業生活の動向、②短時間労働者の雇用管理の改善等の促進及びその職業能力の開発・向上を図るために講じようとする施策の基本となるべき事項、③その他の短時間労働者の福祉の増進を図るために講じようとする施策の基本となるべき事項について定めることとされています。

これに基づき、現在、「短時間労働者対策基本方針」（平成20年厚生労

Ⅲ　改正後のパートタイム労働法の概要

働省告示第280号）が定められています。

6　短時間労働者の雇用管理の改善等に関する措置

(1)　労働条件に関する文書の交付等

　労働基準法（昭和22年法律第49号）上、使用者（事業主）は、労働契約を締結したときは、労働者（短時間労働者を含みます。）に対して労働条件を明示しなければならないこととされ、労働条件のうち労働契約の期間、就業の場所、従事すべき業務、労働時間、賃金等については、文書の交付等の方法によって明示しなければならないこととされていますが、この法律では、事業主は、短時間労働者を雇い入れたとき（有期労働契約を更新したときを含みます。）は、それに加えて、その短時間労働者に対して、速やかに、労働条件のうち労働基準法で定められたもの以外の一定のもの（具体的には、①昇給の有無、②退職手当の有無、③賞与の有無、④短時間労働者の雇用管理の改善等に関する事項についての相談窓口）について、文書の交付等の方法によって明示しなければならないこととされています。これに違反したときは、10万円以下の過料に処せられます。

　また、事業主は、上記の文書の交付等の方法によって明示すべきこととされている労働条件以外の労働条件についても、文書の交付等の方法によって明示するように努めなければなりません。

(2)　就業規則の作成の手続

　労働基準法上、常時10人以上の労働者（短時間労働者を含みます。）を使用する使用者（事業主）は、それらの労働者の過半数で組織する労働組合か、そのような労働組合がない場合にはそれらの労働者の過半数を代表する者の意見を聴いて、労働条件や職場規律等の所定の事項について就業規則を作成し、労働基準監督署に届け出なければならない（その就業規則を変更する場合も同じです。）こととされていますが、この法律では、事業主は、短時間労働者に係る事項について就業規則を作成し、又は変更しようとするときは、それに加えて、短時間労働者の過半数を代表する者の意見を聴くように努めなければなら

17

ないこととされています。

(3) 短時間労働者の待遇の原則

　　事業主がその雇用する短時間労働者の待遇を通常の労働者の待遇と相違するものとする場合には、その待遇の相違は、その短時間労働者及び通常の労働者の職務の内容、職務の内容及び配置の変更の範囲その他の事情を考慮して、不合理と認められるものであってはなりません。

(4) 通常の労働者と同視すべき短時間労働者に対する賃金の決定、教育訓練の実施、福利厚生施設の利用等についての差別的取扱いの禁止

　　事業主は、職務の内容がその事業所の通常の労働者と同一で、その事業所における慣行その他の事情からみて、当該事業主との雇用関係が終了するまでの全期間において、その職務の内容及び配置の変更が通常の労働者の職務の内容及び配置の変更の範囲と同一の範囲で行われると見込まれる短時間労働者（以下「通常の労働者と同視すべき短時間労働者」といいます。）については、短時間労働者であることを理由として、①賃金の決定、②教育訓練の実施、③福利厚生施設の利用、④その他の待遇について、差別的取扱いをしてはなりません。

(5) 通常の労働者と同視すべき短時間労働者以外の短時間労働者の賃金の決定

　　事業主は、通常の労働者と同視すべき短時間労働者以外の短時間労働者については、通常の労働者との均衡を考慮しつつ、その職務の内容、職務の成果、意欲、能力、経験等を勘案し、その賃金（通勤手当で、職務の内容に密接に関連して支払われるもの以外のもの、退職手当、家族手当、住宅手当、別居手当、子女教育手当等の賃金を除きます。）を決定するように努めなければなりません。

(6) 通常の労働者と同視すべき短時間労働者以外の短時間労働者に対する教育訓練の実施

　　事業主は、通常の労働者と同視すべき短時間労働者以外の短時間労働者で、職務の内容が通常の労働者と同一の者については、既にその者がその職務の遂行に必要な能力を有している場合等を除き、通常の

労働者に対して実施するその職務の遂行に必要な能力を付与するための教育訓練を実施しなければなりません。

また、事業主は、通常の労働者と同視すべき短時間労働者以外の短時間労働者については、上記の教育訓練のほか、通常の労働者との均衡を考慮しつつ、その職務の内容、職務の成果、意欲、能力、経験等に応じ、必要な教育訓練を実施するように努めなければなりません。

(7)　**通常の労働者と同視すべき短時間労働者以外の短時間労働者に対する福利厚生施設の利用機会の付与**

事業主は、通常の労働者に利用の機会を与える福利厚生施設で、健康の保持や業務の円滑な遂行に資するもの（具体的には、①給食施設、②休憩室及び③更衣室）については、通常の労働者と同視すべき短時間労働者以外の短時間労働者に対しても、利用の機会を与えるように配慮しなければなりません。

上記(4)〜(7)のことを短時間労働者の態様別に図示すると、次のとおりです。

短時間労働者の態様		賃　金		教育訓練		福利厚生施設	
職務の内容	職務の内容及び配置の変更の範囲	職務関連賃金 ・基本給 ・賞与 ・役付手当等	左以外の賃金 ・退職手当 ・家族手当 ・住宅手当等	職務の遂行に必要な能力を付与するもの	左以外のもの（キャリアアップのための訓練等）	・給食施設 ・休憩室 ・更衣室	左以外のもの（慶弔休暇、社宅の貸与等）
①通常の労働者と同視すべき短時間労働者 同じ　／　同じ		◎	◎	◎	◎	◎	◎
②通常の労働者と職務の内容が同じ短時間労働者 同じ　／　異なる		△	－	○	△	○	－
③通常の労働者と職務の内容が異なる短時間労働者 異なる　／　異なる（又は同じ）		△	－	△	△	○	－

（講ずる措置）
◎…短時間労働者であることを理由とする差別的取扱いの禁止
○…実施義務・配慮義務
△…職務の内容、職務の成果、意欲、能力、経験等を勘案しての努力義務

(8) **短時間労働者の通常の労働者への転換の推進**

　　事業主は、短時間労働者の通常の労働者への転換を推進するため、次のいずれかの措置を講じなければなりません。

①　通常の労働者の募集を行う場合に、その募集に係る事業所に掲示すること等により、その者が従事すべき業務の内容、賃金、労働時間等の募集に係る事項をその事業所の短時間労働者に周知すること。

②　通常の労働者の配置を新たに行う場合に、その配置の希望を申し出る機会をその配置に係る事業所の短時間労働者に与えること。

③　一定の資格を有する短時間労働者を対象とした通常の労働者への転換のための試験制度を設けること等の通常の労働者への転換を推進するための措置を講ずること。

(9) **事業主が講ずる措置の内容等の説明**

　　事業主は、短時間労働者を雇い入れたとき（有期労働契約を更新したときを含みます。）は、速やかに、上記(4)～(8)に定める事項に関し講ずることとしている措置の内容について、その短時間労働者に説明しなければなりません。

　　また、事業主は、その雇用する短時間労働者から求めがあったときは、上記(1)、(2)及び(4)～(8)に定める事項に関する決定をするに当たって考慮した事項について、その短時間労働者に説明しなければなりません。

(10) **指針の策定**

　　厚生労働大臣は、上記(1)～(9)に定めるもののほか、事業主が講ずべき雇用管理の改善等に関する措置等に関し、その適切・有効な実施を図るために必要な指針を定めることとされています。

　　これに基づき、現在、「事業主が講ずべき短時間労働者の雇用管理の改善等に関する措置等についての指針」（平成19年厚生労働省告示第326号）が定められています。

(11) **短時間労働者からの相談に対応するための体制の整備**

　　事業主は、その雇用する短時間労働者からの、短時間労働者の雇用管理の改善等に関する事項についての相談に応じ、適切に対応するた

めに必要な体制を整備しなければなりません。

⑿　短時間雇用管理者の選任

　　事業主は、常時10人以上の短時間労働者を雇用する事業所ごとに、短時間労働者の雇用管理の改善等に関する事項を管理させるため、短時間雇用管理者を選任するように努めなければなりません。

⒀　厚生労働大臣の報告の徴収並びに助言、指導及び勧告等

　　厚生労働大臣は、短時間労働者の雇用管理の改善等を図るため必要があると認めるときは、短時間労働者を雇用する事業主に対して、報告を求め、又は助言、指導若しくは勧告をすることができます。この報告をせず、又は虚偽の報告をした者は、20万円以下の過料に処せられます。

　　また、厚生労働大臣は、上記(1)前段、(4)、(6)前段、(7)〜(9)及び⑾に定める事項に違反している事業主に勧告をした場合において、その事業主がこれに従わなかったときは、その旨を公表することができます。

7　事業主等に対する国の援助等

⑴　事業主等に対する援助

　　国は、短時間労働者の雇用管理の改善等の促進その他その福祉の増進を図るため、短時間労働者を雇用する事業主、事業主の団体その他の関係者に対して、短時間労働者の雇用管理の改善等に関する事項についての相談、助言等の必要な援助を行うことができることとされています。

⑵　職業訓練の実施等

　　国、都道府県及び独立行政法人高齢・障害・求職者雇用支援機構は、短時間労働者及び短時間労働者になろうとする者がその職業能力の開発・向上を図ることを促進するため、短時間労働者、短時間労働者になろうとする者その他関係者に対して、職業能力の開発・向上に関する啓発活動を行うように努めるとともに、職業訓練の実施について特別の配慮をすることとされています。

⑶ 職業紹介の充実等

　国は、短時間労働者になろうとする者がその適性、能力、経験、技能の程度等にふさわしい職業を選択し、また、職業に適応することを容易にするため、雇用情報の提供、職業指導及び職業紹介の充実等必要な措置を講ずるように努めることとされています。

⑷ 雇用管理の改善等の研究等

　厚生労働大臣は、短時間労働者がその有する能力を有効に発揮することができるようにするため、短時間労働者のその職域の拡大に応じた雇用管理の改善等に関する措置その他短時間労働者の雇用管理の改善等に関し必要な事項について、調査、研究及び資料の整備に努めることとされています。

8　紛争の解決

⑴ 短時間労働者からの苦情の自主的解決

　事業主は、上記6の⑴前段、⑷、⑹前段及び⑺〜⑼に定める事項に関し短時間労働者から苦情の申出を受けたときは、労使の代表によって構成される苦情処理機関にその苦情の処理を委ねる等、その自主的な解決を図るように努めなければなりません。

⑵ 短時間労働者と事業主との間の紛争の解決

　上記6の⑴前段、⑷、⑹前段及び⑺〜⑼に定める事項についての短時間労働者と事業主との間の紛争については、紛争当事者の双方又は一方からの解決の援助の求め又は調停の申請に基づき、都道府県労働局長による助言、指導若しくは勧告又は個別労働関係紛争の解決の促進に関する法律に定める紛争調整委員会による調停により解決を図ることができます。

　事業主は、短時間労働者が都道府県労働局長に紛争の解決の援助を求めたこと又は調停の申請をしたことを理由として、解雇その他不利益な取扱いをしてはなりません。

9 適用除外

　この法律は、国家公務員及び地方公務員並びに船員職業安定法（昭和23年法律第130号）第6条第1項に規定する船員には適用されません。

Ⅳ 改正後のパートタイム労働法の逐条解説

　改正後のパートタイム労働法の内容について、行政通達に基づき、条文ごとに解説すると、以下のとおりです。

第1章　総則

　法第1章は、法の目的、短時間労働者の定義、事業主等の責務、国及び地方公共団体の責務など、法第2章の短時間労働者対策基本方針や法第3章に規定する短時間労働者の雇用管理の改善等に関する具体的措置に共通する基本的考え方を明らかにしたものである。

1　目的

（目的）
第1条　この法律は、我が国における少子高齢化の進展、就業構造の変化等の社会経済情勢の変化に伴い、短時間労働者の果たす役割の重要性が増大していることにかんがみ、短時間労働者について、その適正な労働条件の確保、雇用管理の改善、通常の労働者への転換の推進、職業能力の開発及び向上等に関する措置等を講ずることにより、通常の労働者との均衡のとれた待遇の確保等を図ることを通じて短時間労働者がその有する能力を有効に発揮することができるようにし、もってその福祉の増進を図り、あわせて経済及び社会の発展に寄与することを目的とする。

解　説

⑴　法第1条は、法の目的が、我が国における少子高齢化の進展、就業構造の変化等の社会経済情勢の変化に伴い、短時間労働者の果たす役

割の重要性が増大していることにかんがみ、短時間労働者について、その適正な労働条件の確保、雇用管理の改善、通常の労働者への転換の推進、職業能力の開発及び向上等に関する措置等を講ずることにより、通常の労働者との均衡のとれた待遇の確保等を図り、これを通じて短時間労働者がその有する能力を有効に発揮することができるようにし、もって短時間労働者の福祉の増進を図り、併せて経済及び社会の発展に寄与することにあることを明らかにしたものである。

(2) 「職業能力の開発及び向上等」の「等」には、職業紹介の充実等（法第21条）が含まれる。

(3) 「措置等を講ずる」の「等」には、事業主等に対する援助（法第19条）、紛争の解決（法第4章）及び雇用管理の改善等の研究等（法第28条）が含まれる。

(4) 「待遇の確保等」の「等」には、

① 短時間労働者であることに起因して、待遇に係る透明性・納得性が欠如していることを解消すること（適正な労働条件の確保に関する措置及び事業主の説明責任により達成される）

② 通常の労働者として就業することを希望する者について、その就業の可能性をすべての短時間労働者に与えること（通常の労働者への転換の推進に関する措置により達成される）

等が含まれる。

(5) 「あわせて経済及び社会の発展に寄与する」とは、少子高齢化、労働力人口減少社会に入った我が国においては、短時間労働者について、通常の労働者と均衡のとれた待遇の確保や通常の労働者への転換の推進等を図ることは、短時間労働者の福祉の増進を図ることとなるだけでなく、短時間労働者の意欲、能力の向上やその有効な発揮等による労働生産性の向上等を通じて、経済及び社会の発展に寄与することともなることを明らかにしたものである。

2 定義

（定義）

第2条 この法律において「短時間労働者」とは、1週間の所定労働時間が同一の事業所に雇用される通常の労働者（当該事業所に雇用される通常の労働者と同種の業務に従事する当該事業所に雇用される労働者にあっては、厚生労働省令で定める場合を除き、当該労働者と同種の業務に従事する当該通常の労働者）の1週間の所定労働時間に比し短い労働者をいう。

□施行規則

（法第2条の厚生労働省令で定める場合）

第1条 短時間労働者の雇用管理の改善等に関する法律（以下「法」という。）第2条の厚生労働省令で定める場合は、同一の事業所に雇用される通常の労働者の従事する業務が2以上あり、かつ、当該事業所に雇用される通常の労働者と同種の業務に従事する労働者の数が当該通常の労働者の数に比し著しく多い業務（当該業務に従事する通常の労働者の1週間の所定労働時間が他の業務に従事する通常の労働者の1週間の所定労働時間のいずれよりも長い場合に係る業務を除く。）に当該事業所に雇用される労働者が従事する場合とする。

解 説

(1) 法第2条は、法の対象となる「短時間労働者」の定義を定めたものである。

(2) 「短時間労働者」であるか否かの判定は、以下の(3)から(7)を踏まえて行う。

「短時間労働者」であるか否かは、パートタイマー、アルバイト、契約社員など名称の如何は問わない。

ただし、名称が「パートタイマー」であっても、当該事業所に雇用される通常の労働者と同一の所定労働時間である者は、法の対象とな

る「短時間労働者」には該当しない。

しかしながら、「短時間労働者」については法に基づく雇用管理の改善等に関する措置等が講じられる一方、「短時間労働者」でない者については法の適用対象とならないために雇用管理の改善等に関する措置等が講じられないというのは均衡を失しており、現実にそのような均衡を失した雇用管理を行うことは事業所における労働者の納得を得がたいものと考えられることから、このような者についても法の趣旨が考慮されるべきであり、そのことについて指針にも定められている（第15条の「解説」の(3)ハ参照）。

なお、派遣労働者である短時間労働者については、法に加えて、労働者派遣事業の適正な運営の確保及び派遣労働者の保護等に関する法律（昭和60年法律第88号）により、その保護等が図られているものである。

(3) 「通常の労働者」とは、社会通念に従い、比較の時点で当該事業所において「通常」と判断される労働者をいう。

「通常」の概念については、就業形態が多様化している中で、いわゆる「正規型の労働者」が事業所や特定の業務には存在しない場合もあり、ケースに応じて個別に判断すべきものである。

具体的には、「通常の労働者」とは、その業務に従事する者の中にいわゆる「正規型の労働者」がいる場合は、当該正規型の労働者であるが、当該業務に従事する者の中にいわゆる「正規型の労働者」がいない場合については、当該業務に基幹的に従事するフルタイム労働者（以下「フルタイムの基幹的労働者」という。）が法の趣旨にかんがみれば通常と考えられることから、この者が「通常の労働者」となる。

また、法が業務の種類ごとに短時間労働者を定義していることから、「通常」の判断についても業務の種類ごとに行う。

この場合において、いわゆる「正規型の労働者」は、社会通念に従い、当該労働者の雇用形態、賃金体系等（例えば、労働契約の期間の定めがなく、長期雇用を前提とした待遇を受けるものであるか、賃金の主たる部分の支給形態、賞与、退職金、定期的な昇給又は昇格の有無）を総合的に勘案して判断する。また、「フルタイムの基幹的労働者」

は、当該業務に恒常的に従事する1週間の所定労働時間が最長の、正規型の労働者でない者を指し、一時的な業務のために臨時的に雇用されているような者は含まない。また、この者が、当該事業所において異なる業務に従事する正規型の労働者の最長の所定労働時間と比較して、所定労働時間が短い場合には、そのような者は「通常の労働者」にはならない。

(4) 「所定労働時間が短い」とは、所定労働時間がわずかでも短ければ該当するものであり、例えば、通常の労働者の所定労働時間と比べて1割以上短くなければならないといった基準があるものではない。

(5) 「短時間労働者」であるか否かの判定は、具体的には、以下に従って行う。

イ 同一の事業所における業務の種類が1の場合

当該事業所における1週間の所定労働時間が最長である通常の労働者と比較し、1週間の所定労働時間が短い通常の労働者以外の者が短時間労働者となる（法第2条括弧書以外の部分。下図の1-(1)及び1-(2)）。

なお、当該業務にいわゆる正規型の労働者がいない場合は、フルタイムの基幹的労働者との比較となる（図の1-(3)）。

ロ 同一の事業所における業務の種類が2以上あり、同種の業務に従事する通常の労働者がいない場合

当該事業所における1週間の所定労働時間が最長である通常の労働者と比較し、1週間の所定労働時間が短い通常の労働者以外の者が短時間労働者となる（法第2条括弧書以外の部分。図の2-(1)のB業務）。

ハ 同一の事業所における業務の種類が2以上あり、同種の業務に従事する通常の労働者がいる場合

(イ) 原則として、同種の業務に従事する1週間の所定労働時間が最長の通常の労働者と比較して1週間の所定労働時間が短い通常の労働者以外の者が短時間労働者となる（法第2条括弧書。図の2-(2)）。

なお、フルタイムの基幹的労働者が通常の労働者である業務に

28

おいては、必然的に、その者より1週間の所定労働時間が短い者が短時間労働者となる（図の2－(3)）。

　(ロ)　同種の業務に従事する通常の労働者以外の者が当該業務に従事する通常の労働者に比べて著しく多い場合（当該業務に従事する通常の労働者の1週間の所定労働時間が他の業務に従事する通常の労働者の1週間の所定労働時間のいずれよりも長い場合を除く。）は、当該事業所における1週間の所定労働時間が最長の通常の労働者と比較して1週間の所定労働時間が短い当該業務に従事する者が短時間労働者となる（法第2条括弧書中厚生労働省令で定める場合（則第1条）。図の2－(4)のB業務）。

　　これは、たまたま同種の業務に従事する通常の労働者がごく少数いるために、そのような事情がなければ一般には短時間労働者に該当するような者までもが法の対象外となることを避ける趣旨であるから、これの適用に当たって、同種の業務に従事する通常の労働者と当該事業所における1週間の所定労働時間が最長の通常の労働者の数を比較する際には、同種の業務において少数の通常の労働者を配置する必然性等から、事業主に法の適用を逃れる意図がないかどうかを考慮する必要がある。

(6)　上記(5)は、労働者の管理については、その従事する業務によって異なることが通常と考えられることから、短時間労働者であるか否かを判断しようとする労働者が従事する業務と同種の業務に従事する通常の労働者がいる場合は、その労働者と比較して判断することとしたものである。

　　なお、同種の業務の範囲を判断するに当たっては、『厚生労働省編職業分類』の細分類の区分等を参考にし、個々の実態に即して判断する。

(7)　短時間労働者の定義に係る用語の意義は、それぞれ次のとおりである。

　イ　「1週間の所定労働時間」を用いるのは、短時間労働者の定義が、雇用保険法等労働関係法令の用例をみると1週間を単位としていることにならったものである。

この場合の「1週間」とは、就業規則その他に別段の定めがない限り、原則として日曜日から土曜日までの暦週をいう。
　ただし、変形労働時間制が適用されている場合や所定労働時間が1月、数か月又は1年単位で定められている場合などには、次の式によって当該期間における「1週間の所定労働時間」として算出する。
　（当該期間における総労働時間）÷（（当該期間の暦日数）／7）
　なお、日雇労働者のように1週間の所定労働時間を算出できないような者は、法の対象とならない。ただし、日雇契約の形式をとっていても、明示又は黙示に同一人を引き続き雇用し、少なくとも1週間以上にわたる定形化した就業パターンが確立し、上記の方法により1週間の所定労働時間を算出することができる場合には、法の対象となる。
ロ　「事業所」を単位として比較することとしているのは、労働者の管理が、通常、事業所単位で一体的に行われているためである。
　「事業所」については、出張所、支所等で規模が小さく、組織的関連ないし事務能力を勘案して一の「事業所」というに足りる程度の独立性のないものは、場所的に離れていても、直近上位の機構と一括して一の「事業所」と取り扱う。

図
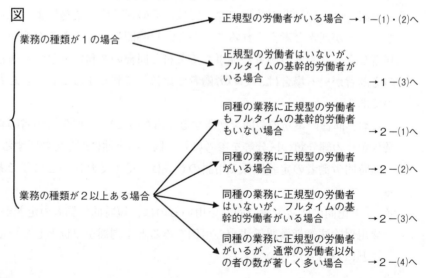

Ⅳ 改正後のパートタイム労働法の逐条解説

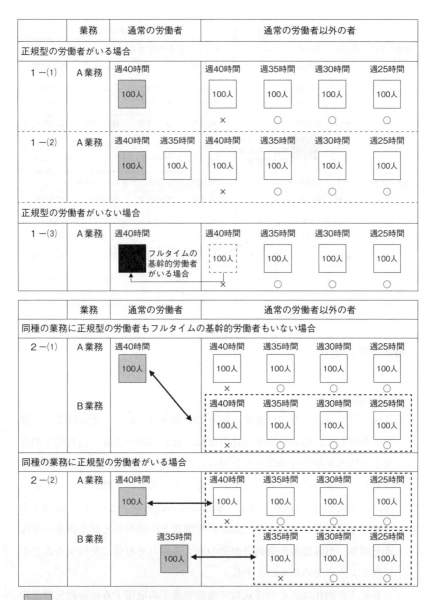

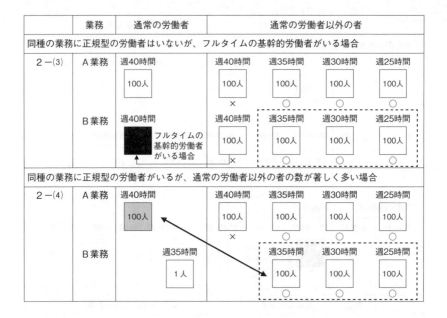

3 事業主等の責務

(事業主等の責務)

第3条 事業主は、その雇用する短時間労働者について、その就業の実態等を考慮して、適正な労働条件の確保、教育訓練の実施、福利厚生の充実その他の雇用管理の改善及び通常の労働者への転換(短時間労働者が雇用される事業所において通常の労働者として雇い入れられることをいう。以下同じ。)の推進(以下「雇用管理の改善等」という。)に関する措置等を講ずることにより、通常の労働者との均衡のとれた待遇の確保等を図り、当該短時間労働者がその有する能力を有効に発揮することができるように努めるものとする。

2 事業主の団体は、その構成員である事業主の雇用する短時間労働者の雇用管理の改善等に関し、必要な助言、協力その他の援助を行うように努めるものとする。

Ⅳ　改正後のパートタイム労働法の逐条解説

解　説

(1)　事業主の責務

イ　基本的考え方

　　労働者の待遇をどのように設定するかについては、基本的には、契約自由の原則にのっとり、個々の契約関係において当事者の合意により決すべきものであるが、現状では、短時間労働者の待遇は必ずしもその働きや貢献に見合ったものとなっていないほか、他の就業形態への転換が困難であるといった状況もみられる。このような中では、短時間労働者の待遇の決定を当事者間の合意のみに委ねていたのでは、短時間労働者は「低廉な労働力」という位置付けから脱することができないと考えられる。しかし、それでは、少子高齢化、労働力人口減少社会において期待されている短時間労働者の意欲や能力の有効な発揮がもたらされるような公正な就業環境を実現することは難しい。

　　そこで、法は、第1条に定める法の目的である「通常の労働者との均衡のとれた待遇の確保等を図ることを通じて短時間労働者がその有する能力を有効に発揮することができる」ことを実現するために、短時間労働者の適正な労働条件の確保、教育訓練の実施、福利厚生の充実その他の雇用管理の改善及び通常の労働者への転換の推進（以下「雇用管理の改善等」という。）について、事業主が適切に措置を講じていく必要があることを明らかにするため、法第3条において、短時間労働者について、その就業の実態等を考慮して雇用管理の改善等に関する措置等を講ずることにより、通常の労働者との均衡のとれた待遇の確保等を図り、短時間労働者がその有する能力を有効に発揮することができるように努めることを事業主の責務としたものである。

　　法第3章以下の事業主の講ずべき措置等に関する規定は、この法第3条の事業主の責務の内容として、法の目的を達成するために特に重要なものを明確化したものである。また、法第15条の規定に基づく指針は、当該事業主の責務に関し、その適切かつ有効な実施を

33

図るために必要なものを具体的に記述したものである。

ロ　短時間労働者の就業の実態等

　　法第３条において考慮することとされている「その就業の実態等」の具体的な内容としては、短時間労働者の職務の内容、職務の内容及び配置の変更の範囲（有無を含む。）、経験、能力、成果、意欲等をいい、「等」の内容には、それらだけでは十分でない場合に、必要に応じて同業他社の状況も考慮することを含むものである。

　　なお、事業主の責務を具体化した法第３章以下及び指針の措置規定のいくつかにおいては、短時間労働者の就業の実態等を特に考慮すべき場合やその考慮方法について、待遇の種類ごとに明らかにしている。

ハ　雇用管理の改善等に関する措置等

　　「雇用管理の改善等に関する措置等」とは、法第３章第１節に規定する「雇用管理の改善等に関する措置」と、法第22条に規定する苦情の自主的解決に努める措置をいう。

ニ　通常の労働者との均衡のとれた待遇の確保等

　　法は、短時間労働者について、その就業の実態等を考慮して雇用管理の改善等に関する措置等を講ずることにより、通常の労働者との均衡のとれた待遇を確保することを目指しているが、これは、一般に、短時間労働者の待遇が通常の労働者のそれと比較して働きや貢献に見合ったものとなっておらず、低くなりがちであるという状況を前提として、通常の労働者との均衡（バランス）をとることを目指した雇用管理の改善を進めていくという考え方である。

　　通常の労働者と短時間労働者の「均衡のとれた待遇」は、短時間労働者の就業の実態に応じたものとなるが、その就業の実態が同じ場合には、「均等な待遇」を意味する。

　　他方、通常の労働者と短時間労働者との間で就業の実態が異なる場合、その「均衡のとれた待遇」とはどのようなものであるかについては、一義的に決まりにくい上、待遇といってもその種類（賃金の決定、教育訓練の実施及び福利厚生施設の利用）、性格（職務と

の関連性、実施に当たっての事業主の裁量の程度等）は一様でない。

　そのような中で、事業主が雇用管理の改善等に関する措置等を講ずることにより通常の労働者との均衡のとれた待遇の確保を図っていくようにするため、法第３章第１節において、事業主が講ずべき措置を定めたものである。

　具体的には、法第８条において、すべての短時間労働者を対象に、法第９条から第12条までに規定されている事業主が講ずべき措置の前提となる考え方として、「職務の内容」、「職務の内容及び配置の変更の範囲（有無を含む。）」及び「その他の事情」を考慮して、不合理なものであってはならないとする短時間労働者の待遇の原則を明らかにしている。

　その上で、法第９条から第12条までにおいて、短時間労働者の態様をその就業の実態からみて３つに分類し、賃金の決定、教育訓練の実施及び福利厚生施設の利用の３つについて、どのような者のどのような待遇について、どのような措置をもって均衡のとれたものとするかを個々具体的に明らかにしている。

　すなわち、法第11条第１項（教育訓練）は、職務の内容が同一であり、就業の実態が通常の労働者に近く、また、職務との関連性が強い待遇であるといった事情を踏まえて、具体的な措置の内容を明らかにしたものであり、法第12条（福利厚生施設）は、通常の労働者との関係で普遍的に講じられるべき措置の内容について明らかにしたものである。他方、法第10条（賃金）及び第11条第２項（教育訓練）は、就業の実態が多様な短時間労働者全体に係る措置として、具体的に勘案すべき就業の実態の内容（職務の内容、職務の成果、意欲、能力、経験等）を明記したものである。これは、通常の労働者の待遇の決定に当たってはこれらの要素が考慮される傾向にあるのと対照的に、短時間労働者についてはこれらの要素が十分に考慮されている現状にあるとは言い難く、短時間労働者についても、これらの要素を考慮して待遇の決定を行っていくことが公正であると考えられることによるものである。

「通常の労働者との均衡のとれた待遇の確保等」の「等」としては、

① 短時間労働者であることに起因して、待遇に係る透明性・納得性が欠如していることを解消すること（適正な労働条件の確保に関する措置及び事業主の説明責任により達成される）

② 通常の労働者として就業することを希望する者について、その就業の可能性をすべての短時間労働者に与えること（通常の労働者への転換の推進に関する措置により達成される）

等が含まれるものである。

(2) 均衡のとれた待遇の確保の図り方

イ 基本的考え方

短時間労働者についての、通常の労働者との均衡のとれた待遇の確保に当たっては、短時間労働者の就業の実態等を考慮して措置を講じていくこととなるが、法第3章第1節においては、「就業の実態」を表す要素のうちから「職務の内容」、「職務の内容及び配置の変更の範囲（有無を含む。）」の2つを具体の措置が求められる法の適用要件としている。

これは、現在の我が国の雇用システムにおいては、一般に、通常の労働者の賃金をはじめとする待遇の多くがこれらの要素に基づいて決定されることが合理的であると考えられている一方で、短時間労働者については、これらが通常の労働者と全く同じ、又は一部同じであっても、所定労働時間が短い労働者であるということのみを理由として待遇が低く抑えられている場合があることから、通常の労働者との均衡のとれた待遇の確保を図る際に、短時間労働者の就業の実態をとらえるメルクマールとして、これらの要素を特に取り上げることとしたものである。

なお、法第9条から第12条までに規定される事業主が講ずべき措置の前提となる考え方として、すべての短時間労働者を対象とする短時間労働者の待遇の原則として規定された法第8条においては、労働契約法（平成19年法律第128号）にならい、短時間労働者と通常の労働者の待遇の相違の不合理性を判断する際の考慮要素として、

「職務の内容」、「職務の内容及び配置の変更の範囲（有無を含む。）」のほかに、「その他の事情」を規定しているが、「その他の事情」については、合理的な労使慣行など考慮すべきその他の事情があるときに考慮すべきものである（第8条の「解説」の(3)参照）。

ロ　「職務の内容」について

(イ)　定義

　　「職務の内容」とは、「業務の内容及び当該業務に伴う責任の程度」をいい、労働者の就業の実態を表す要素のうちの最も重要なものである。

　　「業務」とは、職業上継続して行う仕事をいう。

　　「責任の程度」とは、業務に伴って行使するものとして付与されている権限の範囲・程度等をいう。具体的には、授権されている権限の範囲（単独で契約締結可能な金額の範囲、管理する部下の数、決裁権限の範囲等）、業務の成果について求められる役割、トラブル発生時や臨時・緊急時に求められる対応の程度、ノルマ等の成果への期待の程度等を指す。

　　責任は、外形的にはとらえにくい概念であるが、実際に判断する際には、責任の違いを表象的に表す業務を特定して比較することが有効である。

　　また、責任の程度を比較する際には、所定外労働も考慮すべき要素の一つであるが、これについては、例えば、通常の労働者には所定外労働を命ずる可能性があり、短時間労働者にはこれがないといった形式的な判断ではなく、実態として業務に伴う所定外労働が必要となっているかどうか等をみて判断することとなる。例えば、トラブル発生時、臨時・緊急時の対応として、また、納期までに製品を完成させるなど成果を達成するために所定外労働が求められるのかどうかを実態として判断する。

　　なお、ワーク・ライフ・バランスの観点からは、基本的に所定外労働のない働き方が望ましく、働き方の見直しにより通常の労働者も含めてそのような働き方が広まれば、待遇の決定要因とし

て所定外労働の実態が考慮されること自体が少なくなっていくものと考えられる。

(ロ)　職務の内容が同一であることの判断手順

　「職務の内容」については、法第9条等の適用に当たって、通常の労働者と短時間労働者との間で比較して同一性を検証しなければならないため、その判断のための手順が必要となる。具体的には以下の手順で比較していくこととなるが、「職務の内容が同一である」とは、個々の作業まで完全に一致していることまで必要ではなく、それぞれの労働者の職務の内容が「実質的に同一」であることを意味するものである。

　したがって、具体的には、まず、「業務の内容」が「実質的に同一」であるかどうかを判断し、次いで「責任の程度」が「著しく異なって」いないかを判断するものである。

　すなわち、まず第一に、「業務の内容」が「実質的に同一」であることの判断に先立って、「業務の種類」が同一であるかどうかをチェックする。これは、『厚生労働省編職業分類』の細分類を目安として比較し、これが異なっていれば、「職務の内容が同一でない」と判断することとなる。

　他方、業務の種類が同一であると判断された場合には、次に、比較対象となる通常の労働者及び短時間労働者の職務を業務分担表、職務記述書等により個々の業務に分割し、その中から「中核的業務」と言えるものをそれぞれ抽出する。

　「中核的業務」とは、ある労働者に与えられた職務に伴う個々の業務のうち、当該職務を代表する中核的なものを指し、①与えられた職務に本質的又は不可欠な要素である業務であるか、②その成果が事業に対して大きな影響を与える業務であるか、③労働者本人の職務全体に占める時間的割合や頻度が大きい業務であるかという基準により総合的に判断する。

　通常の労働者と短時間労働者について、抽出した「中核的業務」を比較し、同じであれば、業務の内容は「実質的に同一」と判断

し、明らかに異なっていれば、業務の内容は「異なる」と判断する。なお、抽出した「中核的業務」が一見すると異なっている場合は、当該業務に必要とされる知識や技能の水準等も含めて比較した上で、「実質的に同一」と言えるかどうかを判断する。

ここまで比較した上で、業務の内容が「実質的に同一である」と判断された場合には、最後に、両者の職務に伴う責任の程度が「著しく異なって」いないかどうかをチェックする。そのチェックに当たっては、「責任の程度」の内容に当たる以下のような事項について比較を行う。

① 授権されている権限の範囲（単独で契約締結可能な金額の範囲、管理する部下の数、決裁権限の範囲等）

② 業務の成果について求められる役割

③ トラブル発生時や臨時・緊急時に求められる対応の程度

④ ノルマ等の成果への期待の程度

⑤ 上記の事項の補助的指標として、所定外労働の有無及び頻度

この比較においては、例えば、管理する部下の数が1人でも違えば責任の程度が異なる、といった判断をするのではなく、責任の程度の差異が「著しい」といえるものであるかどうかをみるものである。

なお、いずれも、役職名等外見的なものだけで判断せず、実態を見て比較することが必要である。

以上の判断手順を経て、「業務の内容」及び「責任の程度」の双方について、通常の労働者と短時間労働者とが同一であると判断された場合に、「職務の内容が同一である」と判断されることとなる。

ハ 「職務の内容及び配置が通常の労働者の職務の内容及び配置の変更の範囲と同一の範囲内で変更されると見込まれる」ことについて

(イ) 定義

① 「職務の内容及び配置の変更の範囲」

現在の我が国の雇用システムにおいては、長期的な人材育成

を前提として待遇に係る制度が構築されていることが多く、このような人材活用の仕組み、運用等に応じて待遇の違いが生じることも合理的であると考えられている。法は、このような実態を前提として、人材活用の仕組み、運用等を均衡待遇を推進する上での考慮要素又は適用要件の一つとして位置付けている。

人材活用の仕組み、運用等については、ある労働者がある事業主に雇用されている間にどのような職務経験を積むこととなっているかをみるものであり、転勤、昇進を含むいわゆる人事異動や本人の役割の変化等（以下「人事異動等」という。）の有無や範囲を総合判断するものであるが、これを法律上の要件としては「職務の内容及び配置の変更の範囲」と規定したものである（以下「職務の内容及び配置の変更の範囲」を「人材活用の仕組み、運用等」ともいう。）。

「職務の内容の変更」と「配置の変更」は、現実にそれらが生じる際には重複が生じ得るものである。つまり、「職務の内容の変更」とは、配置の変更によるものであるか業務命令によるものであるかを問わず、職務の内容が変更される場合を指すものであり、「配置の変更」とは、人事異動等によるポスト間の移動を指し、結果として職務の内容の変更を伴う場合もあれば伴わない場合もあるものである。

それらの変更の「範囲」とは、変更により経験する職務の内容又は配置の広がりを指すものである。

② 同一の範囲

職務の内容及び配置の変更が「同一の範囲」であるかどうかの判断に当たっては、一つ一つの職務の内容及び配置の変更の態様が同様であることを求めるものではなく、それらの変更が及び得ると予定されている範囲を画した上で、その同一性を判断するものである。

例えば、ある事業所において、一部の部門に限っての人事異動等の可能性がある者と、全部門にわたっての人事異動等の可

能性がある者とでは、「配置の変更の範囲」が異なることとなり、人材活用の仕組み、運用等が同一であるとは言えない。

この同一性の判断については、「範囲」が完全に一致することまでを求めるものではなく、「実質的に同一」と考えられるかどうかという観点から判断する。

③　「変更されると見込まれる」

職務の内容及び配置の変更の範囲が同一であるかどうかの判断については、将来にわたる可能性についてもみるものであるため、変更が「見込まれる」と規定したものである。

その見込みについては、事業主の主観によるのではなく、文書や慣行によって確立されているものなど客観的な事情によって判断する。また、例えば、通常の労働者の集団には定期的に転勤等があるが、ある職務に従事している特定の短時間労働者についてはこれまで転勤等がなかったという場合にも、そのような形式的な事実に基づいて判断するだけでなく、例えば、同じ職務に従事している他の短時間労働者の集団には転勤等があることからする「転勤等の可能性」についての実態を考慮して、具体的な見込みがあるかどうかを判断する。

なお、育児又は家族介護などの家族的責任を有する労働者については、その事情に配慮した結果として、その労働者の人事異動等の有無や範囲が他の労働者と異なることがあるが、その労働者について「職務の内容及び配置の変更の範囲」を比較するに当たっては、そのような事情を考慮する。考慮の仕方としては、例えば、通常の労働者や短時間労働者のうち、人事異動等があり得る人材活用の仕組み、運用等である者が、育児又は家族介護に関する一定の事由（短時間労働者についても通常の労働者と同じ範囲）によって配慮され、それによって異なる取扱いを受けた場合、「職務の内容及び配置の変更の範囲」を比較するに当たっては、その異なる取扱いを除いて比較することが考えられる。

41

㈻ 「職務の内容及び配置が通常の労働者の職務の内容及び配置の変更の範囲と同一の範囲内で変更されると見込まれる」ことの判断手順

「職務の内容及び配置が通常の労働者の職務の内容及び配置の変更の範囲と同一の範囲内で変更されると見込まれる」ことについては、法第9条の適用に当たって、通常の労働者と短時間労働者との間で比較して同一性を検証しなければならないため、その判断のための手順が必要となる。この検証は、上記(2)ロ㈻において示した手順により、職務の内容が同一であると判断された通常の労働者と短時間労働者について行うものである。

まず、通常の労働者と短時間労働者について、配置の変更に関して、転勤の有無が同じかどうかを比較する。この時点で異なっていれば、「職務の内容及び配置が通常の労働者の職務の内容及び配置の変更の範囲と同一の範囲内で変更されると見込まれない」と判断することとなる。

次に、転勤が双方ともあると判断された場合には、全国転勤の可能性があるのか、エリア限定なのかといった転勤により移動が予定されている範囲を比較する。この時点で異なっていれば、「職務の内容及び配置が通常の労働者の職務の内容及び配置の変更の範囲と同一の範囲内で変更されると見込まれない」と判断することとなる。

転勤が双方ともない場合及び双方ともあってその範囲が「実質的に」同一であると判断された場合には、事業所内における職務の内容の変更の態様について比較する。まずは、職務の内容の変更の有無（事業所内における配置の変更の有無を問わない。）を比較し、これが異なっていれば、「職務の内容及び配置が通常の労働者の職務の内容及び配置の変更の範囲と同一の範囲内で変更されると見込まれない」と判断することとなり、これが同じであれば、職務の内容の変更により経験する可能性のある職務の内容の範囲を比較し、その異同を判断する。

(3) 事業主の団体の責務

　　短時間労働者の労働条件等については、事業主間の横並び意識が強い場合が多く、事業主の団体を構成している事業にあっては、事業主の団体の援助を受けながら構成員である複数の事業主が同一歩調で短時間労働者の雇用管理の改善等を進めることが効果的である。そこで、事業主の団体の責務として、その構成員である事業主の雇用する短時間労働者の雇用管理の改善等に関し必要な助言、協力その他の援助を行うように努めることを明らかにしたものである。

(4) なお、以上のような事業主及び事業主の団体の責務を前提に、国は事業主等に対し必要な指導、援助等を行うこととされ（法第4条第1項）、国は、短時間労働者を雇用する事業主、事業主の団体等に対して、短時間労働者の雇用管理の改善等に関する措置等についての相談及び助言その他の必要な援助を行うことができることとされている（法第19条）。

4　国及び地方公共団体の責務

（国及び地方公共団体の責務）

第4条　国は、短時間労働者の雇用管理の改善等について事業主その他の関係者の自主的な努力を尊重しつつその実情に応じてこれらの者に対し必要な指導、援助等を行うとともに、短時間労働者の能力の有効な発揮を妨げている諸要因の解消を図るために必要な広報その他の啓発活動を行うほか、その職業能力の開発及び向上等を図る等、短時間労働者の雇用管理の改善等の促進その他その福祉の増進を図るために必要な施策を総合的かつ効果的に推進するように努めるものとする。

2　地方公共団体は、前項の国の施策と相まって、短時間労働者の福祉の増進を図るために必要な施策を推進するように努めるものとする。

解　説

(1)　国の責務

国は、短時間労働者の雇用管理の改善等について、事業主その他の関係者の自主的な努力を尊重しつつ、その実情に応じて必要な指導、援助等を行うとともに、短時間労働者の能力の有効な発揮を妨げている諸要因の解消を図るために必要な広報その他の啓発活動を行うほか、その職業能力の開発及び向上等を図る等、短時間労働者の雇用管理の改善等の促進その他その福祉の増進を図るために必要な施策を総合的かつ効果的に推進するように努めるものとされている。

具体的内容は、指針の策定、事業主に対する報告徴収、助言、指導、勧告及び公表、調停の実施を含む紛争の解決の援助、啓発活動の実施、事業主等に対する相談、助言等の援助の実施、職業訓練の実施、職業紹介の充実等である。

(2) 地方公共団体の責務

地方公共団体は、国の施策と相まって、短時間労働者の福祉の増進を図るために必要な施策を推進するように努めるものとされている。

具体的内容は、広報啓発活動、職業能力開発校等における職業訓練の実施、労政事務所等における講習等の開催等である。

第2章　短時間労働者対策基本方針

法第2章は、短時間労働者の福祉の増進を図るため、短時間労働者の雇用管理の改善等の促進、職業能力の開発及び向上等に関する施策の基本となるべき方針である短時間労働者対策基本方針について規定したものである。

第5条　厚生労働大臣は、短時間労働者の福祉の増進を図るため、短時間労働者の雇用管理の改善等の促進、職業能力の開発及び向上等に関する施策の基本となるべき方針（以下この条において「短時間労働者対策基本方針」という。）を定めるものとする。

2　短時間労働者対策基本方針に定める事項は、次のとおりとする。

一　短時間労働者の職業生活の動向に関する事項

二 短時間労働者の雇用管理の改善等を促進し、並びにその職業能力の開発及び向上を図るために講じようとする施策の基本となるべき事項

三 前2号に掲げるもののほか、短時間労働者の福祉の増進を図るために講じようとする施策の基本となるべき事項

3 短時間労働者対策基本方針は、短時間労働者の労働条件、意識及び就業の実態等を考慮して定められなければならない。

4 厚生労働大臣は、短時間労働者対策基本方針を定めるに当たっては、あらかじめ、労働政策審議会の意見を聴かなければならない。

5 厚生労働大臣は、短時間労働者対策基本方針を定めたときは、遅滞なく、これを公表しなければならない。

6 前2項の規定は、短時間労働者対策基本方針の変更について準用する。

解 説

(1) 趣旨

短時間労働者の福祉の増進を図るための施策は、法に基づくもののほか、他の関係法律に基づく施策等多岐にわたっており、これらの諸施策を円滑かつ効率的に実施していくためには、短時間労働者の職業生活の動向を的確に見通した上で、短時間労働者対策の総合的かつ計画的な展開の方向を労使をはじめ国民全体に示し、これに沿って対策を講ずることが必要である。

そのため、厚生労働大臣は、短時間労働者対策基本方針を定め、これを公表するものとしたものである。

(2) 内容

短時間労働者対策基本方針に定める事項は、次のとおりである。

イ 短時間労働者の職業生活の動向に関する事項

ロ 短時間労働者の雇用管理の改善等を促進し、並びにその職業能力の開発及び向上を図るために講じようとする施策の基本となるべき事項

ハ その他短時間労働者の福祉の増進を図るために講じようとする施策の基本となるべき事項

(3) 短時間労働者対策基本方針は、短時間労働者の労働条件、意識及び就業の実態等を考慮して定められなければならないこととされている。

(4) 短時間労働者対策基本方針の策定、変更に当たっては、労働政策審議会の意見を聴かなければならないものとされているが、短時間労働者対策基本方針の内容が他の審議会の所掌に係る事項を含む場合には、その審議会の意見を聴くことを排除するものではない（第15条の「解説」の(1)において同じ。）。

第3章　短時間労働者の雇用管理の改善等に関する措置等

法第3章は、短時間労働者の雇用管理の改善等に関する措置等として、第1節に事業主等が講ずべきものの具体的内容として雇用管理の改善等に関する措置を、第2節に事業主等に対する国の援助等を規定したものである。

第1節　雇用管理の改善等に関する措置
1　労働条件に関する文書の交付等

（労働条件に関する文書の交付等）

第6条　事業主は、短時間労働者を雇い入れたときは、速やかに、当該短時間労働者に対して、労働条件に関する事項のうち労働基準法（昭和22年法律第49号）第15条第1項に規定する厚生労働省令で定める事項以外のものであって厚生労働省令で定めるもの（次項及び第14条第1項において「特定事項」という。）を文書の交付その他厚生労働省令で定める方法（次項において「文書の交付等」という。）により明示しなければならない。

2　事業主は、前項の規定に基づき特定事項を明示するときは、労働条件に関する事項のうち特定事項及び労働基準法第15条第1項に規定する厚生労働省令で定める事項以外のものについても、文書の交付等により明示するように努めるものとする。

Ⅳ　改正後のパートタイム労働法の逐条解説

□施行規則

（法第6条第1項の明示事項及び明示の方法）

第2条　法第6条第1項の厚生労働省令で定める短時間労働者に対して明示しなければならない労働条件に関する事項は、次に掲げるものとする。

一　昇給の有無

二　退職手当の有無

三　賞与の有無

四　短時間労働者の雇用管理の改善等に関する事項に係る相談窓口

2　法第6条第1項の厚生労働省令で定める方法は、前項各号に掲げる事項が明らかとなる次のいずれかの方法によることを当該短時間労働者が希望した場合における当該方法とする。

一　ファクシミリを利用してする送信の方法

二　電子メールの送信の方法（当該短時間労働者が当該電子メールの記録を出力することによる書面を作成することができるものに限る。）

3　前項第1号の方法により行われた法第6条第1項に規定する特定事項（以下本項において「特定事項」という。）の明示は、当該短時間労働者の使用に係るファクシミリ装置により受信した時に、前項第2号の方法により行われた特定事項の明示は、当該短時間労働者の使用に係る通信端末機器により受信した時に、それぞれ当該短時間労働者に到達したものとみなす。

解　説

(1)　労働条件の明示については、労働基準法第15条において、賃金、労働時間その他の労働条件について労働契約の締結に際し明示することが使用者に義務付けられているが、短時間労働者に対する労働条件は、通常の労働者とは別に、かつ、個々の事情に応じて多様に設定されることが多いことから、雇入れ後に疑義が生じやすくなっている。そのため、法第6条第1項においては、労働基準法第15条第1項に規定する厚生労働省令で定める事項以外の事項のうち、特に短時間労働者にとって重要な事項を厚生労働省令で特定事項として定め、事業主が文

47

書の交付等により明示しなければならないものとし、それ以外の事項については、法第6条第2項において文書の交付等の努力義務を課したものである。

　なお、法第6条第1項の文書の交付等の義務に違反した者に対しては、都道府県労働局長による助言、指導、勧告を行うことができ、これを行っても履行されない場合には公表の対象となるとともに、法第31条の規定に基づき、10万円以下の過料に処するものとされている。

(2)　「特定事項」とは、①昇給の有無、②退職手当の有無、③賞与の有無及び④短時間労働者の雇用管理の改善等に関する事項に係る相談窓口である（則第2条第1項）。

(3)　「昇給」とは、一つの契約期間の中での賃金の増額を指すものである。したがって、有期労働契約の契約更新時の賃金改定は、「昇給」に当たらない。

　「退職手当」とは、①労使間において、労働契約等によってあらかじめ支給条件が明確になっていること、②その受給権は退職により在職中の労働全体に対する対償としてあらかじめ支給条件が明確になっていること、の要件を満たすものであればよく、その支給形態が退職一時金であるか退職年金であるかを問わない。

　「賞与」とは、定期又は臨時に、原則として労働者の成績に応じて支給されるものであって、その支給額があらかじめ確定されていないものをいう。

　「短時間労働者の雇用管理の改善等に関する事項に係る相談窓口」（以下「相談窓口」という。）とは、事業主が労働者からの苦情を含めた相談を受け付ける先をいう。

　上記の「昇給」、「退職手当」等については、上記の要件に該当するものであれば、その名称は問わない。

(4)　昇給が業績等によっては実施されず、又は賞与が業績等によっては支給されない可能性がある場合や、退職手当が勤続年数によっては支給されない可能性がある場合は、制度としては「有り」と明示しつつ、その旨を明示すべきである。

(5) 「昇給」に係る文書の交付等に当たって、「賃金改定（増額）：有」等「昇給」の有無が明らかである表示をしている場合には、法第6条第1項の義務を履行していると言えるが、「賃金改定：有」と表示し、「賃金改定」が「昇給」のみであるか明らかでない場合等「昇給」の有無が明らかでない表示にとどまる場合には、同項の義務を履行しているとは言えない。

(6) 「相談窓口」は、法第16条の規定に基づき相談のための体制として整備することとされているものである。

　「相談窓口」の明示の具体例としては、担当者の氏名、担当者の役職又は担当部署等が考えられる。

(7) 「文書の交付等」の「等」には、ファクシミリを利用してする送信、電子メールの送信のいずれかの方法によることを当該短時間労働者が希望した場合における当該方法が含まれる。ただし、電子メールの送信の方法による場合には、短時間労働者が当該電子メールの記録を出力することによる書面を作成することができる場合に限られる（則第2条第2項）。

　なお、これらの方法による場合を短時間労働者が希望した場合に限定したのは、これらの方法が文書の交付に比べて簡便な側面がある一方で、誤送信等のリスクも高いことによる。この「希望した場合」とは、短時間労働者が自ら事業主に申し出た場合のみでなく、事業主が電子メールの送信等による方法もあることを提示して、短時間労働者がそれを選択した場合も含まれるが、そのような選択を強制することになってはならない。

　また、「当該電子メールの記録を出力することによる書面を作成することができる」場合とは、短時間労働者が望めば、プリンターに接続して書面を作成することが可能である場合を指すが、これには、事業主が送信した労働条件の明示に係る事項の全文が見えることが必要であり、これが見える場合には、電子メールのソフト等を搭載したパソコンに限らず、電子メール機能を有する携帯電話等であっても差し支えない。さらに、チャットのように受信直後に内容が消えてしまう

ようなものは適当ではなく、電子メールのソフト等において保存が可能なものであることが必要である。

⑻　ファクシミリを利用してする送信の方法により行われた明示は、短時間労働者が使用するファクシミリ機器に受信された時に到達したものとみなされる（則第2条第3項）。

　　また、電子メールの送信の方法により行われた明示は、短時間労働者が使用する通信端末機器に受信された時に到達したものとみなされる（則第2条第3項）。この場合の「通信端末機器」には、上記のとおり、パソコンのほか携帯電話等も含まれるが、ＰＯＰサーバーや携帯電話会社のメールセンター等、事業主と短時間労働者の間で行われる電気通信の途中に介在する場所に到達しただけではこの要件を満たしたことにならない。

　　なお、ファクシミリ及び電子メールに係る通信端末機器は、短時間労働者が所有しているものに加え、短時間労働者以外の者が所有しているものも短時間労働者がその利用を希望している場合には含まれる。

　　また、事業主は、ファクシミリを利用してする送信の方法又は電子メールの送信の方法により明示を行う場合には、短時間労働者との間で明示がなされたかどうか争いが起こることを避けるため、後日、短時間労働者に受信したかどうかを確認する、短時間労働者に電子メールを受信した後に電子メールを返信させる等により、その到達状況を確認しておくことが望ましい。

⑼　法第6条第2項は、特定事項を明示するときは、労働条件に関する事項のうち特定事項及び労働基準法第15条第1項に規定する厚生労働省令で定める事項以外の事項についても、文書の交付等により明示するよう努めるものとしたものである。

⑽　法第6条第2項の規定により明示するよう努めるべき事項のうち、主要なものとしては、以下のような事項が挙げられる。

　　イ　昇給（特定事項を除く。）

　　ロ　退職手当（特定事項を除く。）、臨時に支払われる賃金、賞与（特定事項を除く。）、1か月を超える期間の出勤成績によって支給され

50

る精勤手当、1か月を超える一定期間の継続勤務に対して支給される勤続手当及び1か月を超える期間にわたる事由によって算定される奨励加給又は能率手当

ハ　所定労働日以外の日の労働の有無

ニ　所定労働時間を超えて、又は所定労働日以外の日に労働させる程度

ホ　安全及び衛生

ヘ　教育訓練

ト　休職

⑾　労働基準法第15条第1項の規定に基づく明示は「労働契約の締結に際し」て履行することが求められているのに対し、法第6条の規定に基づく明示は「短時間労働者を雇い入れたとき」が履行時点であるが、法第6条の規定に基づく明示は、労働基準法第15条第1項の規定に基づく明示の履行に併せて行うことによっても履行したこととなる。また、法第6条の規定に基づく明示事項が、労働基準法第15条第1項の規定に基づく明示により、又は就業規則を交付することにより明らかにされている場合は、それらの措置で足りるものである。

⑿　短時間労働者の労働契約に期間の定めがある場合であって、その更新をするときについては、労働契約の更新をもって「雇い入れ」ることとなるため、その更新の都度法第6条の明示が必要となる。

2　就業規則の作成の手続

（就業規則の作成の手続）

第7条　事業主は、短時間労働者に係る事項について就業規則を作成し、又は変更しようとするときは、当該事業所において雇用する短時間労働者の過半数を代表すると認められるものの意見を聴くように努めるものとする。

解　説

(1)　短時間労働者を含め常時10人以上の労働者を使用する使用者は、労働基準法第89条の定めるところにより、就業規則を作成する義務があるが、その作成又は変更に当たっては、同法第90条において、使用者は事業場の労働者の過半数で組織する労働組合等の意見を聴かなければならないこととされている。短時間労働者に適用される就業規則についてもこの手続がとられなければならないことはもちろんであるが、短時間労働者に適用される就業規則の作成又は変更に当たっては、これに加えて、就業規則の適用を受ける短時間労働者の意見が反映されることが望ましいため、事業主は、短時間労働者に係る事項について就業規則を作成し、又は変更しようとするときは、当該事業所において雇用する短時間労働者の過半数を代表すると認められるものの意見を聴くように努めるものとしたものである。

(2)　「短時間労働者の過半数を代表すると認められるもの」は、事業所の短時間労働者の過半数で組織する労働組合がある場合はその労働組合、そのような労働組合がない場合は短時間労働者の過半数を代表する者が考えられる。

　　この場合の過半数代表者の適格性としては、次のいずれにも該当する者であることである。

イ　労働基準法第41条第2号に規定する監督又は管理の地位にある者でないこと。

ロ　就業規則の作成又は変更に係る意見を事業主から聴取される者を選出することを明らかにして実施される投票、挙手等の方法による手続により選出された者であること。

(3)　(2)ロの選出方法については、①その者が短時間労働者の過半数を代表することの適否について判断する機会が当該事業所の短時間労働者に与えられていること、すなわち、使用者の指名などその意向に沿って選出するようなものであってはならないこと、②当該事業所の過半数の短時間労働者がその者を支持していると認められる民主的な手続がとられていること、すなわち、短時間労働者の投票、挙手等の方法

により選出されること等が考えられる。

　なお、法は意見の聴取を要請するものであって、就業規則を労働基準監督署に届け出る際に意見書を添付することまで要請するものではない。

3　短時間労働者の待遇の原則

（短時間労働者の待遇の原則）

第8条　事業主が、その雇用する短時間労働者の待遇を、当該事業所に雇用される通常の労働者の待遇と相違するものとする場合においては、当該待遇の相違は、当該短時間労働者及び通常の労働者の業務の内容及び当該業務に伴う責任の程度（以下「職務の内容」という。）、当該職務の内容及び配置の変更の範囲その他の事情を考慮して、不合理と認められるものであってはならない。

　解　　説

(1)　平成19年の法改正により、短時間労働者と通常の労働者との均衡のとれた待遇の確保を図るため、通常の労働者と就業の実態が同じ短時間労働者に対する差別的取扱いの禁止が規定されるとともに、就労の実態が一定の類型に該当する短時間労働者ごとに、賃金の決定、教育訓練の実施、福利厚生施設の利用に関して、事業主がどのような措置を講ずべきかを示す規定が整備された。しかしながら、短時間労働者の働き方が一層多様化してきている中で、依然として、その待遇が必ずしも働きや貢献に見合ったものとなっていない場合もあること、労働契約法の一部を改正する法律（平成24年法律第56号）により、「期間の定めがあることによる不合理な労働条件の禁止」の規定（労働契約法第20条）が新たに設けられたこと等を踏まえ、労働契約法第20条の規定にならい、法第8条において、法第9条から第12条までに規定される事業主が講ずべき措置の前提となる考え方として、すべての短時間労働者を対象とする短時間労働者の待遇の原則を規定したものである。

(2) 法第8条は、事業主が、その雇用する短時間労働者の待遇を、当該事業所に雇用される通常の労働者の待遇と相違するものとする場合においては、当該待遇の相違は、当該短時間労働者及び通常の労働者の職務の内容、当該職務の内容及び配置の変更の範囲その他の事情を考慮して、不合理と認められるものであってはならないという短時間労働者の待遇の原則を明らかにしたものである。

　したがって、短時間労働者と通常の労働者との間で待遇の相違があれば直ちに不合理とされるものではなく、当該待遇の相違が、法第8条に列挙されている要素を考慮して、不合理と認められるかどうか判断されるものである。

　また、法第8条の不合理性の判断の対象となるのは、待遇の「相違」であり、この待遇の相違は、「短時間労働者であることを理由とする待遇の相違」であるが、法は短時間労働者について通常の労働者との均衡のとれた待遇の確保等を図ろうとするものであり、法第8条の不合理性の判断の対象となる待遇の相違は、「短時間労働者であることを理由とする」待遇の相違であることが自明であることから、その旨が条文上は明記されていないものである。

(3) 短時間労働者と通常の労働者との「職務の内容」及び「職務の内容及び配置の変更の範囲」の異同の判断は、第3条の「解説」の(2)ロ及びハに従って行うものである。

　また、「その他の事情」については、合理的な労使の慣行などの諸事情が想定され、考慮すべきその他の事情があるときに考慮すべきものである。

(4) 「待遇」には、すべての賃金の決定、教育訓練の実施、福利厚生施設の利用のほか、休憩、休日、休暇、安全衛生、災害補償、解雇等労働時間以外のすべての待遇が含まれる。

(5) 法第8条の不合理性の判断は、短時間労働者と通常の労働者との間の待遇の相違について、職務の内容、当該職務の内容及び配置の変更の範囲その他の事情を考慮して、個々の待遇ごとに判断されるものである。

IV　改正後のパートタイム労働法の逐条解説

(6)　法第 8 条は、法第 9 条から第12条までに規定される事業主が講ずべき措置の前提となる考え方を明らかにしたものであることから、法第18条の規定に基づく事業主に対する報告の徴収並びに助言、指導及び勧告は、事業主が講ずべき措置を個々具体的に規定している法第 9 条から第12条までの規定について行い、直接、法第 8 条について行うものではない。

しかしながら、事業主は、法第 8 条で明らかにされた考え方を念頭に、短時間労働者の雇用管理の改善を図ることが期待される。

(7)　本条は、労働契約法第20条にならった規定である。労働契約法第20条については、行政通達（平成24年 8 月10日付け基発第0810第 2 号「労働契約法の施行について」）において、「法第20条は民事的効力のある規定である。法第20条により不合理とされた労働条件の定めは無効となり、故意・過失による権利侵害、すなわち不法行為として損害賠償が認められ得ると解される。また、法第20条により無効とされた労働条件については、基本的には、期間の定めのない労働契約を締結している労働者と同じ労働条件が認められると解されるものである。」とされている。

また、同通達において、労働契約法第20条に基づき民事訴訟が提起された場合の裁判上の主張立証については、「有期契約労働者が労働条件が期間の定めを理由とする不合理なものであることを基礎づける事実を主張立証し、他方で使用者が当該労働条件が期間の定めを理由とする合理的なものであることを基礎づける事実の主張立証を行うという形でなされ、同条の司法上の判断は、有期契約労働者及び使用者双方が主張立証を尽くした結果が総体としてなされるものであり、立証の負担が有期契約労働者側に一方的に負わされることにはならないと解されるものである。」とされている。

この通達の考え方も参考になるものと考えられる。

55

4 通常の労働者と同視すべき短時間労働者に対する差別的取扱いの禁止

（通常の労働者と同視すべき短時間労働者に対する差別的取扱いの禁止）
第9条　事業主は、職務の内容が当該事業所に雇用される通常の労働者と
　　同一の短時間労働者（第11条第1項において「職務内容同一短時間労働者」
　　という。）であって、当該事業所における慣行その他の事情からみて、
　　当該事業主との雇用関係が終了するまでの全期間において、その職務の
　　内容及び配置が当該通常の労働者の職務の内容及び配置の変更の範囲と
　　同一の範囲で変更されると見込まれるもの（次条及び同項において「通
　　常の労働者と同視すべき短時間労働者」という。）については、短時間
　　労働者であることを理由として、賃金の決定、教育訓練の実施、福利厚
　　生施設の利用その他の待遇について、差別的取扱いをしてはならない。

解　説

(1)　短時間労働者の職務の内容や人材活用の仕組み、運用等といった就
　業の実態が通常の労働者と同様であるにもかかわらず賃金などの取扱
　いが異なるなど、短時間労働者の待遇は就業の実態に見合った公正な
　ものとなっていない場合がある。就業の実態が通常の労働者と同じ短
　時間労働者については、すべての待遇について通常の労働者と同じ取
　扱いがなされるべきであり、法第9条において、そのような場合の差
　別的取扱いの禁止を規定したものである。

(2)　法第9条は、職務の内容が当該事業所に雇用される通常の労働者と
　同一の短時間労働者であって、当該事業所における慣行その他の事情
　からみて、当該事業主との雇用関係が終了するまでの全期間において、
　その職務の内容及び配置の変更が当該通常の労働者の職務の内容及び
　配置の変更の範囲と同一の範囲で行われると見込まれるもの（以下「通
　常の労働者と同視すべき短時間労働者」という。）については、短時
　間労働者であることを理由として、賃金の決定、教育訓練の実施、福
　利厚生施設の利用その他の待遇について、差別的取扱いをしてはなら
　ないものとしたものである。

(3) 法第9条の判断に当たっては、具体的には、次のイ及びロの事項について、以下の(4)から(9)により行うこととなる。

イ 職務の内容が当該事業所に雇用される通常の労働者と同一であること。

ロ 人材活用の仕組み、運用等が、当該事業主との雇用関係が終了するまでの全期間において、当該事業所に雇用される通常の労働者と同一であること。

(4) (3)イの「職務の内容が当該事業所に雇用される通常の労働者と同一であること」とは、業務の内容や当該業務に伴う責任の程度が同一であるかを判断することとなる。その判断に当たっては、第3条の「解説」の(2)ロに従って行うものである。

(5) (3)ロの「人材活用の仕組み、運用等が、当該事業主との雇用関係が終了するまでの全期間において、当該事業所に雇用される通常の労働者と同一であること」とは、当該事業所における慣行その他の事情からみて、当該事業主との雇用関係が終了するまでの全期間において、その職務の内容及び配置の変更が当該通常の労働者の職務の内容及び配置の変更の範囲と同一の範囲で行われると見込まれるものであることであり、職務の内容や配置が将来にわたって通常の労働者と同じように変化するかについて判断することとなるものである。これは、我が国における雇用管理が長期的な人材育成を前提になされていることが多い現状にかんがみ、差別的取扱いの禁止の規定の適用に当たっては、ある一時点において短時間労働者と通常の労働者が従事する職務が同じであるかどうかだけでなく、長期的な人材活用の仕組み、運用等についてもその同一性を判断する必要があるためである。

具体的には、第3条の「解説」の(2)ハで示したとおり、同一であるかどうかを判断するものである。

(6) 「当該事業所における慣行」とは、当該事業所において繰り返し行われることによって定着している人事異動等の態様を指すものであり、「その他の事情」とは、例えば人事規程等により明文化されたものや、当該企業において当該事業所以外に複数事業所がある場合の他の事業

所における慣行等が含まれるものである。

　なお、ここでいう「その他の事情」とは、人材活用の仕組み、運用等を判断するに当たって、当該事業所における「慣行」と同じと考えられるべきものを指すものであり、短時間労働者と通常の労働者の待遇の相違の不合理性を判断する考慮要素としての法第8条の「その他の事情」とは異なるものである。

(7)　「当該事業主との雇用関係が終了するまでの全期間」とは、当該短時間労働者が通常の労働者と職務の内容が同一となり、かつ、人材活用の仕組み、運用等が通常の労働者と同一となってから雇用関係が終了するまでの間をいう。すなわち、事業所に雇い入れられた後、上記要件を満たすまでの間に通常の労働者と職務の内容が異なり、あるいは、人材活用の仕組み、運用等が通常の労働者と異なる期間があった場合に、その期間まで「全期間」に含めるものではなく、同一となった時点から以後の期間をいうものである。

(8)　「見込まれる」とは、将来の見込みも含めて判断されるものである。したがって、期間の定めのある労働契約を締結している者の場合には、労働契約が更新されることが未定の段階であっても、更新をした場合にはどのような扱いがされるかということを含めて判断されるものである。

(9)　法第9条の要件を満たした場合には、事業主は、短時間労働者であることを理由として、賃金の決定、教育訓練の実施、福利厚生施設の利用のほか、休憩、休日、休暇、安全衛生、災害補償、解雇等労働時間以外のすべての待遇について、差別的取扱いをしてはならない。

　この場合、待遇の取扱いが同じであっても、個々の労働者について査定や業績評価等を行うに当たり、意欲、能力、経験、成果等を勘案することにより個々の労働者の賃金水準が異なることとなることは、通常の労働者間であっても生じ得ることであって問題とはならないが、当然、当該査定や業績評価は客観的に行われるべきである。また、労働時間が短いことに比例した取扱いの差異として、査定や業績評価が同じである場合であっても賃金が時間比例分少ないといった合理的な

58

差異は許容されることは、言うまでもない。

　なお、経営上の理由により解雇を行う場合には、解雇対象の選定が妥当である必要があるが、通常の労働者と同視すべき短時間労働者については、単に労働時間が短いことのみをもって通常の労働者より先に解雇する場合には、解雇対象者の選定基準の設定において差別的取扱いがなされていることとなり、法第9条違反となるものである。

⑽　高年齢者の継続雇用制度の導入等が行われる事業所において、当該制度の対象となる高年齢者が短時間労働者である場合には、法第9条の適用関係が問題となり得る。

　継続雇用制度が導入された事業所においては、再雇用等により、定年年齢を境として、職務の内容が比較対象となる通常の労働者と同一であったとしても、人材活用の仕組み、運用等が異なる等の実態があれば、法第9条の要件に該当しないものである。

　また、定年の引上げ等により60歳を超えた定年の定めをしている事業所においては、職務の内容が比較対象となる通常の労働者と同一であり、特段人材活用の仕組み、運用等も異ならないのであれば、法第9条の要件に該当する可能性がある。

　しかしながら、法第9条の適用がない場合であっても、下記の法第10条から第12条までに規定する措置については、それぞれの規定の適用要件に応じて講ずべきものである。

5　賃金

（賃金）
第10条　事業主は、通常の労働者との均衡を考慮しつつ、その雇用する
　　短時間労働者（通常の労働者と同視すべき短時間労働者を除く。次条第
　　2項及び第12条において同じ。）の職務の内容、職務の成果、意欲、能
　　力又は経験等を勘案し、その賃金（通勤手当、退職手当その他の厚生労
　　働省令で定めるものを除く。）を決定するように努めるものとする。

□施行規則

（法第10条の厚生労働省令で定める賃金）

第3条　法第10条の厚生労働省令で定める賃金は、次に掲げるものとする。

一　通勤手当（職務の内容（法第8条に規定する職務の内容をいう。以下同じ。）に密接に関連して支払われるものを除く。）

二　退職手当

三　家族手当

四　住宅手当

五　別居手当

六　子女教育手当

七　前各号に掲げるもののほか、名称の如何を問わず支払われる賃金のうち職務の内容に密接に関連して支払われるもの以外のもの

解　説

(1)　法第10条は、法第9条の対象となる短時間労働者以外のすべての短時間労働者が対象となるものである。これは、短時間労働者が勤続年数を重ねてもほとんど賃金に反映されないことや昇給が最低賃金の改定に応じて決定されるなど、その働きや貢献とは関係のない要素で賃金が決定されることが多いことから、職務の内容、職務の成果等に応じて賃金を決定するよう努めることとしたものである。

(2)　その対象となる賃金は、基本給、賞与、役付手当等の勤務手当及び精皆勤手当など職務の内容に密接に関連して支払われる賃金であり、通勤手当（職務の内容に密接に関連して支払われるものを除く。）、退職手当、家族手当、住宅手当、別居手当、子女教育手当、その他名称の如何を問わず職務の内容と密接な関連を有する賃金（以下「職務関連賃金」という。）以外の賃金については、本条の対象外となるものである（則第3条）。

　なお、通勤手当について、則第3条第1号括弧書中の「職務の内容に密接に関連して支払われるもの」については、現実に通勤に要する交通費等の費用の有無や金額如何にかかわらず一律の金額が支払われ

ている場合など、名称は「通勤手当」であるが、実態としては基本給などの職務関連賃金の一部として支払われているものが該当するものである。

　また、手当について職務関連賃金に該当するか否かを判断するに当たっては、通勤手当以外の手当についても、その名称のみならず、支給基準、支払方法等実態をみて判断する必要がある。例えば、家族手当について、家族の有無にかかわらず一律に支払われている場合には、名称は「家族手当」であっても職務関連賃金の一部となっている可能性があるものである。

(3)　「短時間労働者の職務の内容、職務の成果、意欲、能力又は経験等を勘案し」とは、短時間労働者にその働きや貢献に見合った賃金決定がなされるよう、働きや貢献を評価する要素である職務の内容、職務の成果、意欲、能力、経験等を勘案要素の例示として挙げているものである。これらの要素のうちどの要素によることとするかは各企業の判断に委ねられるものであるが、その勘案については、法第14条第2項の規定に基づく説明を求められることを念頭に、どの要素によることとしたのか、また、その要素をどのように勘案しているのかについて合理的な説明ができるようにすべきである。

　「職務の内容、職務の成果、意欲、能力又は経験等」を勘案した措置の例としては、職務の内容、職務の成果、意欲、能力又は経験等を踏まえた①賃金水準の見直し、②昇給・昇格制度や成績等の考課制度の整備、③職務手当、役職手当や成果手当の支給等が考えられる。

　例えば、職務の内容を勘案する場合、責任の重さや業務の困難度で賃金等級に差を設けることなどが考えられるが、本条の趣旨は、この措置の結果として短時間労働者の集団の中で賃金に差を生じさせることにあるのではなく、職務の内容、職務の成果等を適切に賃金に反映させることにより、結果として通常の労働者の待遇との均衡を図っていくことにある点に留意すべきである。

　なお、「経験等」の「等」としては、例えば、勤続年数が考えられる。

(4)　「通常の労働者との均衡を考慮しつつ」とは、短時間労働者と職務

の内容が同一である通常の労働者だけでなく、職務の内容が異なる通常の労働者との均衡も考慮することを指しているものである。

　具体的には、通常の労働者の賃金決定に当たっての勘案要素を踏まえ、例えば、職務の内容が同一の通常の労働者の賃金が経験に応じて上昇する決定方法となっているならば、短時間労働者についても経験を考慮して賃金決定を行うこととする等、「職務の内容、職務の成果、意欲、能力又は経験等」に応じた待遇に係る措置等を講ずることになる。

⑸　法第10条の措置を講ずる時期については、通常の労働者の定期昇給や賃金表の改定に合わせて実施すること等が考えられるが、例えば、期間の定めのある労働契約を締結している場合には、当該契約を改定する際又は更新する際に、併せて賃金の決定方法について均衡を考慮したものとなるよう見直すことも考えられる。

⑹　本条に定めるもののほか、指針の定めに従い、退職金その他の手当についても、短時間労働者の就業の実態、通常の労働者との均衡等を考慮した取扱いをするように努める必要がある（第15条の「解説」の⑸イ㈹参照）。

6　教育訓練

（教育訓練）
第11条　事業主は、通常の労働者に対して実施する教育訓練であって、当該通常の労働者が従事する職務の遂行に必要な能力を付与するためのものについては、職務内容同一短時間労働者（通常の労働者と同視すべき短時間労働者を除く。以下この項において同じ。）が既に当該職務に必要な能力を有している場合その他の厚生労働省令で定める場合を除き、職務内容同一短時間労働者に対しても、これを実施しなければならない。
2　事業主は、前項に定めるもののほか、通常の労働者との均衡を考慮しつつ、その雇用する短時間労働者の職務の内容、職務の成果、意欲、能力及び経験等に応じ、当該短時間労働者に対して教育訓練を実施するよ

うに努めるものとする。

□施行規則
（法第11条第１項の厚生労働省令で定める場合）
第４条　法第11条第１項の厚生労働省令で定める場合は、職務の内容が当
　　該事業所に雇用される通常の労働者と同一の短時間労働者（法第９条に
　　規定する通常の労働者と同視すべき短時間労働者を除く。）が既に当該
　　職務に必要な能力を有している場合とする。

解　　説
(1)　法第11条第１項は、職務の内容が通常の労働者と同じ短時間労働者に
　ついて、事業主が通常の労働者に対して職務の遂行に必要な能力を身に付けさせるための教育訓練を実施している場合には、既にそのような能力を有している場合を除き、当該短時間労働者に対しても同様の教育訓練を実施しなければならないことを定めたものである。

　　これは、短時間労働者の職務の内容が通常の労働者と同じである場合は、短時間労働者に対しても職務の遂行に必要な能力を身に付けさせるための教育訓練を実施することは当然であることから、そのような場合の事業主の教育訓練の実施義務を定めたものである。

(2)　「既に当該職務に必要な能力を有している場合」とは、短時間労働者が以前同業他社に勤務し、当該教育訓練と同様の内容の教育訓練を受講している場合など、職務の遂行に必要な知識や技能を身に付けている場合を指すものである。

　　なお、本条の規定は、他の法律において教育訓練等を受講することが義務付けられている場合についてまで、その義務を免除する趣旨ではない。

　　また、教育訓練を実施する場合には、短時間労働者の勤務時間帯など短時間労働者側の事情も考慮して実施する必要がある。

(3)　法第11条第２項は、当然の措置を求めている第１項の規定に加えて、事業主は、職務の遂行に必要な能力を身に付けさせるための教育訓練

以外の教育訓練及び職務の内容が通常の労働者と異なる短時間労働者に対する職務の遂行に必要な能力を身に付けさせるための教育訓練についても、通常の労働者との均衡を考慮しつつ、職務の内容、職務の成果、意欲、能力及び経験等に応じて、短時間労働者に対して実施するよう努める必要があることを定めたものである。

これは、労働力人口が減少する中で、我が国の経済の活力を維持するためには、短時間労働者がその有する能力を有効に発揮することが重要であるが、短時間労働者がキャリアアップするための企業内での教育訓練の機会が乏しく、通常の労働者との待遇の格差の原因ともなっている現状を改善するため、短時間労働者に対しても積極的な教育訓練の実施を求める趣旨である。したがって、この教育訓練は、事業主が中長期的な観点から行うキャリアアップのための教育訓練などを指すものであるが、幹部候補生の養成のために実施するような長期の研修や海外留学等の実施まで求める趣旨ではない。

なお、企業内における中長期的な人材育成システムからは外れがちである短時間労働者についても、その職務の内容、職務の成果等に応じた教育訓練を行い、活用を図っていくことは、言うまでもなく企業においてもメリットがあるものである。

「通常の労働者との均衡を考慮しつつ」とは、法第10条の場合と同様、短時間労働者と職務の内容が同一である通常の労働者及び職務の内容が異なる通常の労働者の双方との均衡を考慮することになる。

(4) 教育訓練の実施に当たって、通常の労働者との均衡を考慮した結果、実施内容やカリキュラム等が異なることもあり得るものである。

7 福利厚生施設

（福利厚生施設）

第12条 事業主は、通常の労働者に対して利用の機会を与える福利厚生施設であって、健康の保持又は業務の円滑な遂行に資するものとして厚生労働省令で定めるものについては、その雇用する短時間労働者に対し

ても、利用の機会を与えるように配慮しなければならない。

□施行規則
（法第12条の厚生労働省令で定める福利厚生施設）
第5条　法第12条の厚生労働省令で定める福利厚生施設は、次に掲げるも
　のとする。
　一　給食施設
　二　休憩室
　三　更衣室

| 解　　説 |

(1)　事業主が実施する福利厚生の内容は多様であるが、職務の遂行に関
　連の深い福利厚生施設の利用については、通常の労働者と短時間労働
　者との間で差を設けるべきではない。それゆえ、法第12条は、事業主
　は、健康を保って働くための施設や業務を円滑に遂行するための施設
　である給食施設、休憩室及び更衣室（以下「3施設」という。）につ
　いては、短時間労働者に対しても利用の機会を与えるよう配慮しなけ
　ればならないことを明らかにしたものである。

(2)　法第12条における「通常の労働者」には、当該事業所におけるすべ
　ての通常の労働者が含まれることから、ある短時間労働者と職務内容
　が同一の通常の労働者のみならず、職務内容が異なる通常の労働者と
　の関係も考慮すべきである。ただし、ある短時間労働者の従事する業
　務には更衣室が必要なく、当該業務に従事している通常の労働者も同
　様の実態にある場合には、他の業務に従事している通常の労働者が更
　衣室を利用しているからといって、当該短時間労働者に更衣室の利用
　の機会を与える必要はないことが通常であると考えられる。

(3)　「配慮」とは、施設の定員の関係等でその雇用する労働者全員に施
　設の利用の機会を与えられないような場合に、増築等により結果とし
　て全員に利用の機会が与えられるようにすることまでは求めないが、
　通常の労働者と同じ利用規程を適用したり、利用時間帯に幅を設ける

ことにより短時間労働者にも利用の機会が拡大する措置を講ずる等の具体的措置を求めるものである。すなわち、施設の定員の関係等で利用の機会が制限されている場合においても、定員を理由としてその利用を通常の労働者に限定することは本条に違反することとなる。

(4) 本条の対象となる3施設の運営を、事業主ではなく、労使が運営する共済会等が実施している場合には、本条により事業主が講じなければならない措置の対象外となるものである。ただし、共済会で運営している場合でも、会員（労働者）からの出資がなく、運営について事業主の負担で運営されている場合には、本条の対象となるものである。

なお、本条に定めるもののほか、指針の定めに従い、その他の福利厚生についても、短時間労働者の就業の実態、通常の労働者との均衡等を考慮した取扱いをするように努める必要がある（第15条の「解説」の(5)イ(ハ)参照）。

8 通常の労働者への転換

（通常の労働者への転換）

第13条 事業主は、通常の労働者への転換を推進するため、その雇用する短時間労働者について、次の各号のいずれかの措置を講じなければならない。

一 通常の労働者の募集を行う場合において、当該募集に係る事業所に掲示すること等により、その者が従事すべき業務の内容、賃金、労働時間その他の当該募集に係る事項を当該事業所において雇用する短時間労働者に周知すること。

二 通常の労働者の配置を新たに行う場合において、当該配置の希望を申し出る機会を当該配置に係る事業所において雇用する短時間労働者に対して与えること。

三 一定の資格を有する短時間労働者を対象とした通常の労働者への転換のための試験制度を設けることその他の通常の労働者への転換を推進するための措置を講ずること。

Ⅳ　改正後のパートタイム労働法の逐条解説

解　説

(1)　短時間労働者の中には、通常の労働者として働くことを希望していても、その雇用の機会がないためにやむを得ず短時間労働者として働いている者もいるほか、現状では一度短時間労働者になると通常の労働者としての就業に移ることが困難な状況にある。このような状況は、労働者個人の働く意欲の維持、キャリア形成の観点から問題であるだけでなく、社会の活力・公正の観点からみても問題であるため、法第13条は通常の労働者への転換を推進する措置を事業主に義務付けたものである。

(2)　具体的には、以下に例示された措置のいずれかを講ずることが求められる。

　　イ　通常の労働者の募集を行う場合において、当該募集に係る事業所に掲示すること等により、その者が従事すべき業務の内容、賃金、労働時間その他の当該募集に関する事項を当該事業所において雇用する短時間労働者に周知すること。

　　ロ　通常の労働者の配置を新たに行う場合において、当該配置の希望を申し出る機会を当該配置に係る事業所において雇用する短時間労働者に対して与えること。

　　ハ　一定の資格を有する短時間労働者を対象とした通常の労働者への転換のための試験制度を設けること。

　　ニ　イからハまでに掲げるもののほか、通常の労働者として必要な能力を取得するための教育訓練を受ける機会を確保するための必要な援助を行う等、通常の労働者への転換を推進するための措置を講ずること。

(3)　(2)イは、事業主は、通常の労働者を募集しようとするときに、企業外からの募集と併せて、その雇用する短時間労働者に対しても募集情報を周知することにより、通常の労働者への応募の機会を与えることとしたものである。最終的に短時間労働者を採用するかどうかは、公正な採用選考である限り事業主の判断に委ねられるが、周知したのみで応募を受け付けないなど実際に応募の機会を与えない場合は、本条

67

を満たしたものとは言えない。

「その他の当該募集に係る事項」とは、求人者が求人の申込みに当たり明示することとされている労働契約の期間や就業の場所等の事項を指すものである。

この通常の労働者への応募の機会の付与については、例えば、事業主は、公共職業安定所に求人票を出す場合、併せてその募集案内を社内掲示板に掲示することにより、当該事業所で雇用する短時間労働者にも応募の機会を与えることなどが考えられる。また、周知の方法としては、事業所内の短時間労働者が通常目にすることができる場所に設置されている掲示板への掲示のほか、回覧による方法や電子メールによる一斉送信等が考えられるが、募集期間終了までに希望者が見ることのできる状態にあることが必要である。

募集する求人の業務内容が専門的資格を必要とするものであって、当該事業所に有資格である短時間労働者が存在しないことが明らかである場合には、募集に係る事項を周知しなくても、本条違反とはならない（そのような事情がなければ周知することとされていることが前提である。）。

なお、他の企業で実績を有する者等をヘッドハンティングする場合など、個人的資質に着目して特定の個人を通常の労働者として採用する場合は、(2)イの「通常の労働者の募集を行う場合」には該当しない。

(4)　(2)ロは、企業外に通常の労働者に係る募集を出す前に、企業内の短時間労働者に配置の希望を申し出る機会を与えるものであり、いわゆる優先的な応募機会の付与である。また、社内から通常の労働者のポストへの応募を積極的に受け付ける「社内公募」制度のようなものも、(2)ロに該当するものである。

なお、この優先的な応募機会の付与は、優先的な採用まで義務付けるものではない。

(5)　(2)イ及びロについては、通常の労働者の募集の必要がないときにまで募集を行うことを求めるものではないが、⑽にあるとおり、そのような措置を講ずる予定であるとしてあらかじめ周知することが求めら

れるものである。

(6) (2)ハは、その雇用する短時間労働者を通常の労働者へ登用するための制度として、一定の資格を有する短時間労働者を対象とした通常の労働者への転換のための試験制度を事業所内に設けることとしたものである。

「一定の資格」としては、例えば勤続年数やその職務に必要な資格等があり得る。ただし、当該「一定の資格」として著しく長い勤続期間を要することとするなど、当該事業所の雇用管理の実態からみて、制限的なもので、対象者がほとんど存在しないようなものは、この(2)ハの措置を行ったとは言えないものである。

(7) (2)ニは、通常の労働者への転換を推進するための措置としては、(2)イからハまでに掲げる措置以外のものでも差し支えない旨を明らかにしたものであり、一例として、通常の労働者として必要な能力を取得するための教育訓練を受ける機会を確保するための必要な援助を行うことを挙げたものである。この「必要な援助」としては、自ら教育訓練プログラムを提供することのほか、他で提供される教育訓練プログラムの費用について経済的な援助をすることや当該教育訓練に参加するための時間的な配慮を行うこと等が考えられる。

(8) 本条の措置としては、短時間労働者から通常の労働者への転換を直接図ることが可能となる措置が望ましいことは言うまでもないが、例えば、短時間労働者からいわゆる契約社員など通常の労働者以外のフルタイム労働者への転換制度を設け、さらに契約社員には通常の労働者への転換制度が設けられているような、複数の措置の組み合わせにより通常の労働者への転換の道が確保されている場合も、本条の義務を履行したものと考えられる。

なお、本条は、多様な就業形態間の移動の障壁を除去する政策をとるものであることから、当該事業所においていわゆる正規型の労働者とフルタイムの基幹的労働者が通常の労働者として存在する場合に、事業主が講ずる措置がフルタイムの基幹的労働者への転換を推進するものにとどまる場合は、就業形態間の障壁がなお残ることになること

から、本条の義務を履行したものとは言えない。他方、いわゆる「短時間正社員」（他の正規型のフルタイムの労働者と比較して、所定労働時間が短い正規型の労働者をいう。）については、一般的に、時間の制約が比較的大きい短時間労働者であっても就業しやすい形態であることから、例えば、通常の労働者への転換を推進するに当たっての一つの経由点として設定することは、望ましいと考えられる。

(9) 本条の措置は、制度として行うことを求めているものであり、合理的な理由なく事業主の恣意により通常の労働者の募集情報を周知するときとしないときがあるような場合や、転換制度を規程に定めるなどの客観的な制度とはせずに、事業主の気に入った人物のみを通常の労働者に転換するような場合は、本条の義務を履行したものとは言えない。

(10) 本条の趣旨を踏まえると、当該事業所において講じている通常の労働者への転換を推進するための措置が短時間労働者に対して周知されていることが求められ、(2)イやロの措置のように、一定の機会が到来したときに初めて措置を講ずることとなるものについても、そのような措置を講ずる予定であるとしてあらかじめ周知されていることが求められるものである。

(11) 本条においては、通常の労働者への転換を推進するための措置を講ずることが求められているのであって、その結果として短時間労働者を通常の労働者に転換することまで求められるものではないが、長期間にわたって通常の労働者に転換された実績がない場合には、転換を推進するための措置を講じたとは言えない可能性があり、短時間労働者にとって、周知のみで応募がしにくい環境になっているなど、措置が形骸化していないか検証する必要がある。

9 事業主が講ずる雇用管理の改善等の措置の内容等の説明

（事業主が講ずる措置の内容等の説明）

第14条 事業主は、短時間労働者を雇い入れたときは、速やかに、第9

条から前条までの規定により措置を講ずべきこととされている事項（労働基準法第15条第１項に規定する厚生労働省令で定める事項及び特定事項を除く。）に関し講ずることとしている措置の内容について、当該短時間労働者に説明しなければならない。

2　事業主は、その雇用する短時間労働者から求めがあったときは、第６条、第７条及び第９条から前条までの規定により措置を講ずべきこととされている事項に関する決定をするに当たって考慮した事項について、当該短時間労働者に説明しなければならない。

解　説

(1)　短時間労働者は、通常の労働者に比べ労働時間や職務の内容が多様であり、その労働条件が不明確になりやすいことなどから、通常の労働者の待遇との違いを生じさせている理由が分からず、不満を抱く場合も少なくない状況にある。また、そもそも事業主が短時間労働者についてどのような雇用管理の改善等の措置を講じているのか、短時間労働者が認識していない場合も多いと考えられ、こうしたことが短時間労働者の不安や不満につながっているとも考えられる。

　短時間労働者がその有する能力を十分に発揮するためには、このような状況を改善し、その納得性を高めることが有効であることから、本条は、法第６条の文書の交付等と併せて、事業主に対し、短時間労働者の雇入れ時に当該事業主が講ずる雇用管理の改善等の措置の内容について説明しなければならないこととするとともに、短時間労働者から求めがあったときは、その待遇の決定に当たって考慮した事項について説明しなければならないこととしたものである。

(2)　法第14条第１項は、事業主は、短時間労働者を雇い入れたときは、速やかに、法第９条から第13条までの規定により措置を講ずべきこととされている事項（労働基準法第15条第１項に規定する厚生労働省令で定める事項及び特定事項を除く。）に関し講ずることとしている措置の内容について、当該短時間労働者に説明しなければならないこととしたものである。

71

労働基準法第15条第１項に規定する厚生労働省令で定める事項及び法第６条第１項の特定事項については、労働基準法又は法により、別途、文書の交付等による明示が義務付けられていることから、本項による説明義務の対象とはしていない。

(3)　法第14条第１項の規定に基づく説明については、事業主が短時間労働者を雇い入れたときに、個々の短時間労働者ごとに説明を行うほか、雇入れ時の説明会等において複数の短時間労働者に同時に説明を行う等の方法によって行っても差し支えない。

　また、本項に基づく説明は、事業主が講ずる雇用管理の改善等の措置を短時間労働者が的確に理解することができるよう、口頭により行うことが原則であるが、説明すべき事項を漏れなく記載した短時間労働者が容易に理解できる内容の文書を短時間労働者に交付すること等によって行っても、本項の義務を履行したものと言える。

　なお、口頭による説明の際に説明する内容等を記した文書を併せて交付することは、事業主が講ずる雇用管理の改善等の措置を短時間労働者が的確に理解することができるようにするという観点からして、望ましいと言える。

　短時間労働者の労働契約に期間の定めがある場合であって、その更新をするときについては、労働契約の更新をもって「雇い入れる」こととなるため、その都度本項による説明が必要となるものである。

(4)　法第14条第２項は、事業主は、短時間労働者を雇い入れた後、その雇用する短時間労働者から求めがあったときは、法第６条、第７条及び第９条から第13条までの規定により措置を講ずべきこととされている事項に関する決定をするに当たって考慮した事項について、当該短時間労働者に説明しなければならないこととしたものである。

　第15条の「解説」の(5)ハ(ロ)にあるように、事業主は、短時間労働者が本項に基づき説明を求めたことを理由として、当該短時間労働者に対して不利益な取扱いをしてはならない。これは、事業主に説明を求めることにより、事業主から不利益な取扱いを受けることをおそれて、短時間労働者が本項に基づき説明を求めることができないようなこと

がないようにするためである。

　具体的には、事業主は、事業主に説明を求めると不利益な取扱いを受けると受け取られるような言動をすべきでない。また、事業主は、法第16条に基づく相談のための体制の整備を適切に行うこと等により、短時間労働者が不利益な取扱いを受けることへの危惧を持つことなく説明を求めることができるような職場環境としていくことが望まれる。

(5)　本条により事業主に説明義務が課されている事項には、第１項については法第10条及び第11条第２項の規定により、第２項については法第６条第２項、第７条、第10条及び第11条第２項の規定により、努力義務が課されているものも当然含むものである。

(6)　本条による説明は、本条による説明義務に係る各条項の規定により求められている措置の範囲内で足りる。そのため、本条第１項については、法第11条及び第12条に関し、通常の労働者についても実施していない又は利用させていない場合は、講ずべき措置がないことから、同項による説明として「ない」旨を説明しなくとも、同項に違反するものではない。しかしながら、本条第２項については、通常の労働者について講ずべき措置がないことから、「ない」旨を説明する必要がある。

(7)　本条第１項の説明内容としては、事業所において法に基づき事業主が実施している各種制度等について説明することが考えられる。例えば、法第９条については、雇い入れる短時間労働者が通常の労働者と同視すべき短時間労働者の要件に該当する場合、通常の労働者との差別的な取扱いをしない旨を説明すること、法第10条については、職務の内容、職務の成果等のうちどの要素を勘案したどのような賃金制度となっているかを説明すること、法第11条については、短時間労働者に対しどのような教育訓練が実施されるかを説明すること、法第12条については、短時間労働者がどのような福利厚生施設を利用できるかを説明すること、法第13条については、どのような通常の労働者への転換推進措置を実施しているかを説明することが考えられる。

　本条第２項の説明内容としては、短時間労働者から求められた内容

に応じて、事業主が実施している各種制度等がなぜそのような制度であるのか、又は、事業主が実施している各種制度等について説明を求めた短時間労働者にどのような理由で適用され若しくは適用されないかを説明することが考えられる。例えば、法第10条については、職務の内容、職務の成果等のうちどの要素をなぜ勘案しているか、また、当該説明を求めた短時間労働者について当該要素をどのように勘案しているかを説明することが考えられる。

(8) 本条の規定による説明により短時間労働者が納得するかどうかは、本条の義務の履行とは関係がない。すなわち、その説明により短時間労働者が納得しなくても、本条による義務は履行したことになる。

10 指針

(指針)
第15条 厚生労働大臣は、第6条から前条までに定めるもののほか、第3条第1項の事業主が講ずべき雇用管理の改善等に関する措置等に関し、その適切かつ有効な実施を図るために必要な指針(以下この節において「指針」という。)を定めるものとする。

2 第5条第3項から第5項までの規定は指針の策定について、同条第4項及び第5項の規定は指針の変更について準用する。

□指針
　事業主が講ずべき短時間労働者の雇用管理の改善等に関する措置等についての指針

第1　趣旨
　この指針は、短時間労働者の雇用管理の改善等に関する法律(以下「短時間労働者法」という。)第3条第1項の事業主が講ずべき適正な労働条件の確保、教育訓練の実施、福利厚生の充実その他の雇用管理の改善及び通常の労働者への転換の推進(以下「雇用管理の改善等」という。)

に関する措置等に関し、その適切かつ有効な実施を図るため、短時間労働者法第6条から第14条までに定めるもののほかに必要な事項を定めたものである。

第2　事業主が講ずべき短時間労働者の雇用管理の改善等に関する措置等を講ずるに当たっての基本的考え方

　　事業主は、短時間労働者の雇用管理の改善等に関する措置等を講ずるに当たって、次の事項を踏まえるべきである。

1　労働基準法（昭和22年法律第49号）、最低賃金法（昭和34年法律第137号）、労働安全衛生法（昭和47年法律第57号）、労働契約法（平成19年法律第128号）、雇用の分野における男女の均等な機会及び待遇の確保等に関する法律（昭和47年法律第113号）、育児休業、介護休業等育児又は家族介護を行う労働者の福祉に関する法律（平成3年法律第76号）、労働者災害補償保険法（昭和22年法律第50号）、雇用保険法（昭和49年法律第116号）等の労働に関する法令は短時間労働者についても適用があることを認識しこれを遵守しなければならないこと。

2　短時間労働者法第6条から第14条までの規定に従い、短時間労働者の雇用管理の改善等に関する措置等を講ずるとともに、多様な就業実態を踏まえ、その職務の内容、職務の成果、意欲、能力及び経験等に応じた待遇に係る措置を講ずるように努めるものとすること。

3　短時間労働者の雇用管理の改善等に関する措置等を講ずるに際して、その雇用する通常の労働者その他の労働者の労働条件を合理的な理由なく一方的に不利益に変更することは法的に許されないこと、また、所定労働時間が通常の労働者と同一の有期契約労働者については、短時間労働者法第2条に規定する短時間労働者に該当しないが、短時間労働者法の趣旨が考慮されるべきであることに留意すること。

第3　事業主が講ずべき短時間労働者の雇用管理の改善等に関する措置等

　　事業主は、第2の基本的考え方に基づき、特に、次の事項について適切な措置を講ずるべきである。

1　短時間労働者の雇用管理の改善等

(1)　労働時間

イ　事業主は、短時間労働者の労働時間及び労働日を定め、又は変更するに当たっては、当該短時間労働者の事情を十分考慮するように努めるものとする。

　ロ　事業主は、短時間労働者について、できるだけ所定労働時間を超えて、又は所定労働日以外の日に労働させないように努めるものとする。

(2)　退職手当その他の手当

　　事業主は、短時間労働者法第9条及び第10条に定めるもののほか、短時間労働者の退職手当、通勤手当その他の職務の内容に密接に関連して支払われるもの以外の手当についても、その就業の実態、通常の労働者との均衡等を考慮して定めるように努めるものとする。

(3)　福利厚生

　　事業主は、短時間労働者法第9条及び第12条に定めるもののほか、医療、教養、文化、体育、レクリエーション等を目的とした福利厚生施設の利用及び事業主が行うその他の福利厚生の措置についても、短時間労働者の就業の実態、通常の労働者との均衡等を考慮した取扱いをするように努めるものとする。

2　労使の話合いの促進

(1)　事業主は、短時間労働者を雇い入れた後、当該短時間労働者から求めがあったときは、短時間労働者法第14条第2項に定める事項以外の、当該短時間労働者の待遇に係る事項についても、説明するように努めるものとする。

(2)　事業主は、短時間労働者の就業の実態、通常の労働者との均衡等を考慮して雇用管理の改善等に関する措置等を講ずるに当たっては、当該事業所における関係労使の十分な話合いの機会を提供する等短時間労働者の意見を聴く機会を設けるための適当な方法を工夫するように努めるものとする。

(3)　事業主は、短時間労働者法第22条に定める事項以外の、短時間労働者の就業の実態、通常の労働者との均衡等を考慮した待遇に係る事項についても、短時間労働者から苦情の申出を受けたときは、当

該事業所における苦情処理の仕組みを活用する等その自主的な解決を図るように努めるものとする。

3 不利益取扱いの禁止

(1) 事業主は、短時間労働者が、短時間労働者法第7条に定める過半数代表者であること若しくは過半数代表者になろうとしたこと又は過半数代表者として正当な行為をしたことを理由として不利益な取扱いをしないようにするものとする。

(2) 事業主は、短時間労働者が、短時間労働者法第14条第2項に定める待遇の決定に当たって考慮した事項の説明を求めたことを理由として不利益な取扱いをしてはならない。また、短時間労働者が、不利益な取扱いをおそれて、短時間労働者法第14条第2項に定める説明を求めることができないことがないようにするものであること。

(3) 短時間労働者が、親族の葬儀等のために勤務しなかったことを理由として解雇等が行われることは適当でないものであること。

4 短時間雇用管理者の氏名の周知

事業主は、短時間雇用管理者を選任したときは、当該短時間雇用管理者の氏名を事業所の見やすい場所に掲示する等により、その雇用する短時間労働者に周知させるよう努めるものとする。

解　説

(1) 法第15条第1項は、法第6条から第14条までに定めるもののほか、法第3条第1項の事業主が講ずべき雇用管理の改善等に関する措置に関し、その適切かつ有効な実施を図るために必要な指針を定めることとしているものである。

指針の策定については法第5条第3項から第5項までの規定が、指針の変更については法第5条第4項及び第5項の規定が準用される。したがって、指針は、短時間労働者の労働条件、意識及び就業の実態等を考慮して定めなければならず、指針の策定及び変更に当たっては、あらかじめ、労働政策審議会の意見を聴かなければならないものである。

(2) 指針第1は、指針と法の関係を明らかにしようとするものであり、指針が、法第3条第1項の事業主が講ずべき雇用管理の改善等に関する措置等に関し、その適切かつ有効な実施を図るために、法第6条から第14条までに定めるもののほかに必要な事項を定めたものであることを明らかにしたものである。

(3) 指針第2は、事業主が講ずべき短時間労働者の雇用管理の改善等に関する措置等を講ずるに当たっての基本的考え方を明らかにしたものである。

　イ　指針第2の1は、短時間労働者にも労働基準法、最低賃金法（昭和34年法律第137号）、労働安全衛生法（昭和47年法律第57号）、労働契約法、雇用の分野における男女の均等な機会及び待遇の確保等に関する法律（昭和47年法律第113号。以下「男女雇用機会均等法」という。）、育児休業、介護休業等育児又は家族介護を行う労働者の福祉に関する法律（平成3年法律第76号。以下「育児・介護休業法」という。）、労働者災害補償保険法（昭和22年法律第50号）、雇用保険法（昭和49年法律第116号）等の労働に関する法令が適用され、事業主がこれを遵守しなければならないものであることを確認的に明記したものである。

　ロ　指針第2の2は、事業主は、法の規定に従い、短時間労働者の雇用管理の改善等に関する措置等を講ずる必要があることを確認的に明記するとともに、事業主は、短時間労働者の多様な就業実態を踏まえ、その職務の内容、職務の成果、意欲、能力及び経験等に応じ、待遇に係る措置を講ずるよう努めるものとしたものである。

　　本規定は、すべての短時間労働者に及ぶ基本的考え方を述べたものであり、事業主は、法及び指針において具体的に規定されていない場合においても、この考え方に基づき措置を講ずべきである。

　ハ　指針第2の3の前段は、法に基づく短時間労働者の雇用管理の改善等に関する措置等を講ずるに際して、その雇用する通常の労働者その他の労働者の労働条件を合理的な理由なく一方的に不利益に変更することは法的に許されないものであることを確認的に明記した

ものである。「その他の労働者」には、短時間労働者をはじめ、当該事業所で雇用されるすべての労働者が含まれる。

指針第2の3の後段は、法に基づく短時間労働者の雇用管理の改善等に関する措置等を講ずるに際して、所定労働時間が通常の労働者と同一である有期契約労働者は法の定める短時間労働者ではないが、このような者についても、法の趣旨が考慮されるべきであることを明記したものである。

(4) (3)イにおける労働に関する法令の主な内容は、以下のとおりである。

イ　労働条件の明示

労働基準法第15条第1項の規定に基づき、事業主は、短時間労働者に係る労働契約の締結に際し、当該短時間労働者に対して、同項に規定する厚生労働省令で定めるところにより、次に掲げる労働条件に関する事項を明示する義務がある。

(イ)　労働契約の期間

(ロ)　期間の定めのある労働契約を更新する場合の基準

(ハ)　就業の場所及び従事すべき業務

(ニ)　始業及び終業の時刻、所定労働時間を超える労働の有無、休憩時間、休日、休暇並びに労働者を二組以上に分けて就業させる場合における就業時転換

(ホ)　賃金（退職手当、臨時に支払われる賃金、賞与、1か月を超える期間の出勤成績によって支給される精勤手当、1か月を超える一定期間の継続勤務に対して支給される勤続手当及び1か月を超える期間にわたる事由によって算定される奨励加給又は能率手当を除く。(ホ)において同じ。）の決定、計算及び支払の方法並びに賃金の締切り及び支払の時期

(ヘ)　退職（解雇の事由を含む。）

ロ　就業規則の整備

短時間労働者を含め常時10人以上の労働者を使用する事業主は、労働基準法第89条の定めるところにより、短時間労働者に適用される就業規則を作成する義務がある。

ハ　年次有給休暇

　　事業主は、短時間労働者に対しても、労働基準法第39条の定める
　ところにより、所定の日数の年次有給休暇を付与する義務がある。

　　なお、年次有給休暇の付与に係る「継続勤務」の要件に該当する
　か否かについては、勤務の実態に即して判断すべきものであるので、
　期間の定めのある労働契約を反復して短時間労働者を使用する場合、
　各々の労働契約の期間の終期と始期の間に短時日の間隔を置いてい
　るとしても、必ずしも当然に継続勤務が中断されるものではないこ
　とに留意する必要がある。

ニ　期間の定めのある労働契約

　　事業主は、短時間労働者のうち期間の定めのある労働契約（有期
　労働契約）を締結する者については、労働基準法第14条第2項の規
　定に基づき定められた「有期労働契約の締結、更新及び雇止めに関
　する基準」（平成15年厚生労働省告示第357号）の定めるところによ
　り、次に掲げる措置を講ずる必要がある。

⑷　雇止めの予告

　　事業主は、有期労働契約（当該契約を3回以上更新し、又は雇
　入れの日から起算して1年を超えて継続勤務している短時間労働
　者に係るものに限り、あらかじめ当該契約を更新しない旨明示さ
　れているものを除く。⑴の②において同じ。）を更新しないこと
　としようとする場合には、少なくとも当該契約の期間の満了する
　日の30日前までに、その予告をしなければならない。

⑾　雇止めの理由の明示

　①　⑷の場合において、事業主は、短時間労働者が更新しないこ
　　ととする理由について証明書を請求したときは、遅滞なくこれ
　　を交付しなければならない。

　②　有期労働契約が更新されなかった場合において、事業主は、
　　短時間労働者が更新しなかった理由について証明書を請求した
　　ときは、遅滞なくこれを交付しなければならない。

⑻　契約期間についての配慮

事業主は、有期労働契約（当該契約を１回以上更新し、かつ、雇入れの日から起算して１年を超えて継続勤務している短時間労働者に係るものに限る。）を更新しようとする場合には、当該契約の実態及び当該短時間労働者の希望に応じて、契約期間をできる限り長くするよう努めなければならない。

ホ　解雇の予告

　(イ)　事業主は、短時間労働者を解雇しようとする場合においては、労働基準法の定めるところにより、少なくとも30日前にその予告をする義務がある。30日前に予告をしない事業主は、30日分以上の平均賃金を支払う義務がある。

　(ロ)　(イ)の予告の日数は、１日について平均賃金を支払った場合には、その日数を短縮することができる。

ヘ　退職時等の証明

　　　事業主は、短時間労働者が、①退職の場合において、使用期間、業務の種類、その事業における地位、賃金又は退職の事由（退職の事由が解雇の場合にあっては、その理由を含む。）について証明書を請求した場合、②解雇の予告がされた日から退職の日までの間において、当該解雇の理由について証明書を請求した場合には、労働基準法第22条の定めるところにより、遅滞なくこれを交付する義務がある。

ト　健康診断

　　　事業主は、健康診断については、短時間労働者に対し、労働安全衛生法第66条の規定に基づき、次に掲げる健康診断を実施する必要がある。

　(イ)　常時使用する短時間労働者に対し、雇入れの際に行う健康診断及び１年以内ごとに１回、定期に行う健康診断

　(ロ)　深夜業を含む業務等に常時従事する短時間労働者に対し、当該業務への配置替えの際に行う健康診断及び６月以内ごとに１回、定期に行う健康診断

　(ハ)　一定の有害な業務に常時従事する短時間労働者に対し、雇入れ

又は当該業務に配置替えの際及びその後定期に行う特別の項目についての健康診断

㈡　その他必要な健康診断

　　上記の場合において、事業主が同法の一般健康診断を行うべき「常時使用する短時間労働者」とは、次の①及び②のいずれの要件をも満たす者である。

①　期間の定めのない労働契約により使用される者（期間の定めのある労働契約により使用される者であって、当該契約の契約期間が１年（労働安全衛生規則（昭和47年労働省令第32号）第45条において引用する同規則第13条第１項第２号に掲げる業務に従事する短時間労働者にあっては６月。①において同じ。）以上である者並びに契約更新により１年以上使用されることが予定されている者及び１年以上引き続き使用されている者を含む。）であること。

②　その者の１週間の労働時間数が当該事業場において同種の業務に従事する通常の労働者の１週間の所定労働時間数の４分の３以上であること。

　　なお、１週間の労働時間数が当該事業場において同種の業務に従事する通常の労働者の１週間の所定労働時間数の４分の３未満である短時間労働者であっても、上記①の要件に該当し、１週間の労働時間数が、当該事業場において同種の業務に従事する通常の労働者の１週間の所定労働時間数のおおむね２分の１以上である者に対しても、一般健康診断を実施することが望ましい。

　　①の括弧書中の「引き続き使用」の意義については、上記ハのなお書の趣旨に留意する必要がある。

チ　有期労働契約の期間の定めのない労働契約への転換

　　有期労働契約が５年を超えて反復更新された場合は、有期契約労働者の申込みにより、無期労働契約に転換される。

リ　期間の定めがあることによる不合理な労働条件の禁止

Ⅳ 改正後のパートタイム労働法の逐条解説

　有期契約労働者の労働条件と無期契約労働者の労働条件が相違す
る場合においては、職務の内容、人材活用の仕組み、運用等その他
の事情を考慮して、その相違が不合理と認められるものであっては
ならない。

ヌ　妊娠中及び出産後における措置

　事業主は、妊娠中及び出産後1年以内の短時間労働者に対し、労
働基準法及び男女雇用機会均等法の定めるところにより、次に掲げ
る措置を講ずる必要がある。

(イ)　産前及び産後の休業の措置

(ロ)　健康診査等を受けるために必要な時間の確保及び健康診査等に
　基づく医師等の指導事項を守ることができるようにするために必
　要な措置

(ハ)　その他必要な措置

　　この措置としては、労働基準法第64条の3に定める危険有害業
　務の就業制限、同法第65条第3項に定める軽易業務転換、同法第
　66条に定める時間外労働、休日労働及び深夜業の禁止並びに変形
　労働時間制の適用制限、同法第67条の規定に基づく育児時間等が
　ある。

ル　育児休業及び介護休業に関する制度等

　事業主は、短時間労働者について、育児・介護休業法の定めると
ころにより、次に掲げる措置を講ずる必要がある。

(イ)　育児休業又は介護休業に関する制度

(ロ)　子の看護休暇に関する制度

(ハ)　介護休暇に関する制度

(ニ)　所定外労働の制限に関する制度

(ホ)　小学校就学の始期に達するまでの子を養育する者又は要介護状
　態にある家族を介護する者に対する時間外労働の制限又は深夜業
　の制限の措置

(ヘ)　3歳に満たない子を養育する者に対する所定労働時間の短縮措
　置又は育児休業に関する制度に準ずる措置若しくは始業時刻変更

83

等の措置、要介護状態にある家族を介護する者に対する所定労働時間の短縮その他の措置

なお、次の点に留意する必要がある。

① 育児・介護休業法第６条第１項及び第２項並びに第12条第２項の規定により、雇用期間が１年に満たない労働者等であって労使協定で育児休業及び介護休業をすることができないものとして定められた者については、(イ) の措置の対象とはならないこと。

　また、育児・介護休業法第16条の３第２項及び第16条の６第２項の規定により、雇用期間が６か月に満たない労働者等であって労使協定で子の看護休暇及び介護休暇を取得することができないものとして定められた者については、(ロ) 及び (ハ) の措置の対象とはならないこと。

② 育児・介護休業法第５条第１項及び第11条第１項の期間を定めて雇用される者について、「子の養育又は家族の介護を行い、又は行うこととなる労働者の職業生活と家庭生活との両立が図られるようにするために事業主が講ずべき措置に関する指針」（平成21年厚生労働省告示第509号。以下「育介指針」という。）第２の１において、労働契約の形式上期間を定めて雇用されている者であっても、当該契約が期間の定めのない契約と実質的に異ならない状態となっている場合には、育児休業及び介護休業の対象となるものであるが、その判断に当たっては、同指針第２の１の(1)の事項に留意すること。

③ 育児・介護休業法第５条第１項の規定により、期間を定めて雇用される者のうち育児休業をすることができる者は、育児休業申出時点で、当該事業主に引き続き雇用された期間が１年以上で、かつ、その養育する子の１歳到達日を超えて引き続き雇用されることが見込まれる者であり、この場合、当該子の１歳到達日から１年を経過する日までの間に、労働契約が完了し、かつ、当該労働契約の更新がないことが明らかである者は除くこととされているが、期間を定めて雇用される者が同法第５条第１項各号に定め

る要件を満たす労働者か否かの判断に当たっては、育介指針第2
の1の(2)の事項に留意すること。

④　育児・介護休業法第11条第1項の規定により、期間を定めて雇
用される者のうち介護休業をすることができる者は、介護休業申
出時点で当該事業主に引き続き雇用された期間が1年以上で、か
つ、介護休業開始予定日から起算した93日経過日を超えて引き続
き雇用されることが見込まれる者であり、この場合、93日経過日
から1年を経過する日までの間に、労働契約が完了し、かつ、当
該労働契約の更新がないことが明らかである者は除くこととされ
ているが、期間を定めて雇用される者が同法第11条第1項各号に
定める要件を満たす労働者か否かの判断に当たっては、育介指針
第2の1の(2)の事項に留意すること。

⑤　育児休業、介護休業等育児又は家族介護を行う労働者の福祉に
関する法律施行規則（平成3年労働省令第25号）第33条の2の規
定及び平成21年12月28日付け職発1228第4号、雇児発第1228号第
2号「育児休業、介護休業等育児又は家族介護を行う労働者の福
祉に関する法律の施行について」の記の第9の7の(7)のイにおい
て、所定労働時間が1日6時間以下の労働者については、(ヘ)
の措置を講ずる必要は基本的にはないものとされていること。

ヲ　雇用保険の適用

　　事業主は、一定の要件を満たす短時間労働者は雇用保険の被保険
者となるが、雇用保険の被保険者に該当する者であるにもかかわら
ず適用手続をとっていない短時間労働者については、雇用保険法に
基づき必要な手続をとらなければならない。

ワ　高年齢者の短時間労働の促進

　　少子高齢化社会において、経済・社会の活力を維持し発展させて
いくためには、高年齢者の高い就業意欲を活かし、その能力を有効
に発揮させていくことが必要であり、今後、特に高年齢者の雇用対
策は重要となる。高年齢者については、健康、体力等の状況によっ
て個人差が大きくなり、就業ニーズも多様化し、短時間労働を希望

する者も増大するので、これに対応して、事業主は、高年齢者等の雇用の安定等に関する法律（昭和46年法律第68号）の趣旨に従い、短時間労働を希望する高年齢者に対して適切な雇用機会を提供するように努める必要がある。

(5) 指針第3は、指針第2の基本的考え方に立って、次の点について適切な措置を講ずるべきとしたものである。

イ　短時間労働者の雇用管理の改善等（指針第3の1関係）

(イ)　労働時間（指針第3の1の(1)関係）

短時間労働者の多くは、家庭生活との両立等のため、短時間かつ自己の都合に合う一定の就業時間帯を前提として勤務しており、事業主は、このような短時間労働者の事情を十分考慮して労働時間や労働日を設定するように努め、できるだけ所定労働時間外又は所定労働日外に労働させないように努める必要がある。

(ロ)　退職手当その他の手当（指針第3の1の(2)関係）

事業主は、法第9条及び第10条に定めるもののほか、短時間労働者の退職手当、通勤手当その他の職務の内容と密接な関連を有しない手当についても、その就業の実態、通常の労働者との均衡等を考慮して定めるように努める必要がある。

なお、通勤手当については、通勤手当という名称で支払われていても、職務の内容に密接に関連して支払われるものについては、法第10条の対象となるものであり、その旨は則第3条第1号括弧書において明確化されている。

「均衡等」の「等」とは、就業の実態を前提として通常の労働者とのバランスを考慮しただけでは十分でない場合に、必要に応じて同業他社の状況などを考慮することを指すものである。

なお、就業の実態や通常の労働者との均衡等を考慮した結果、通常の労働者と異なる定め方をすることは、合理的理由があれば許容される。

(ハ)　福利厚生（指針第3の1の(3)関係）

企業が行っている福利厚生については、短時間労働者には適用

Ⅳ　改正後のパートタイム労働法の逐条解説

しないなどの例があり、これが短時間労働者に不公平感を生んでいる場合がある。このため、法第９条において、通常の労働者と同視すべき短時間労働者については、福利厚生の取扱いについて短時間労働者であることを理由として差別的取扱いをしてはならないこととするとともに、法第12条において、事業主は健康を保って働くための施設や業務を円滑に遂行するための施設である給食施設、休憩室及び更衣室については、短時間労働者に対しても利用の機会を与えるよう配慮しなければならないこととしている。

　指針においては、これら法第９条及び第12条に定めるもののほか、物品販売所、病院、診療所、浴場、理髪室、保育所、図書館、講堂、娯楽室、運動場、体育館、保養施設その他これらに準ずる施設の利用及びそれ以外の事業主が行う福利厚生の措置（慶弔休暇の付与等）についても、短時間労働者に対してその就業の実態や通常の労働者との均衡等を考慮した取扱いをするよう努めるものとしたものである。

　なお、就業の実態や通常の労働者との均衡等を考慮した結果、通常の労働者と異なる取扱いをすることは、合理的理由があれば許容される。

ロ　労使の話合いの促進（指針第３の２関係）

　企業内における労使の自主的な取組を促進する観点から、労使の話合いの促進のための措置の実施に係る規定を設けたものである。

㈠　待遇についての説明（指針第３の２の⑴関係）

　事業主は、法第14条第２項に定めるもののほか、短時間労働者を雇い入れた後、当該短時間労働者から本人の待遇について説明を求められたときには、当該短時間労働者の待遇に係るその他の事項についても、誠意をもって説明するように努める必要がある。

　説明に当たっては、短時間労働者と通常の労働者の職務の内容等との関係についても説明をするなどにより、納得性を高めることが重要である。また、短時間労働者が待遇についての説明を求めたことを理由として、当該短時間労働者に対して不利益な取扱

87

いをしてはならないことは当然のことである。

(ロ) 意見を聴く機会を設けるための適当な方法の工夫（指針第3の2の(2)関係）

事業主は、短時間労働者の就業の実態、通常の労働者との均衡等を考慮して雇用管理の改善等に関する措置等を講ずるに当たっては、当該事業所における関係労使の十分な話合いの機会を提供する等、短時間労働者の意見を聴く機会を設けるための適当な方法を工夫するように努める必要がある。

「関係労使」とは、集団的労使関係に限定されるものではない。また、「意見を聴く機会を設けるための適当な方法」は、事業所の実情に応じ各事業所において工夫されるべきものであるが、例として、職場での労使協議、職場懇談会、意見聴取、アンケート等が挙げられる。

(ハ) 苦情の自主的な解決（指針第3の2の(3)関係）

事業主は、法第22条に定めるもののほか、短時間労働者の就業の実態、通常の労働者との均衡等を考慮した待遇に係るその他の事項についても、短時間労働者から苦情の申出を受けたときは、当該事業所における苦情処理の仕組みを活用する等、その自主的な解決を図るように努める必要がある。

「苦情処理の仕組みを活用する等」とは、事業所内の苦情処理制度や法第16条の規定に基づく相談のための体制の活用のほか、短時間雇用管理者が選任されている事業所においてはこれを活用すること等が考えられる。

このような苦情処理の仕組み等について、特定事項として文書の交付等により明示することとされている相談窓口以外のものについても、短時間労働者に対し周知を図ることが望まれる。

ハ 不利益取扱いの禁止（指針第3の3関係）

(イ) 指針第3の3の(1)は、事業主は、短時間労働者が法第7条に定める過半数代表者であること若しくは過半数代表者になろうとしたこと又は過半数代表者として正当な行為をしたことを理由とし

て、不利益な取扱いをしてはならないことを明記したものである。

㈥ 指針第3の3の(2)の前段は、事業主は、短時間労働者が法第14条第2項に定める待遇の決定に当たって考慮した事項の説明を求めたことを理由として、不利益な取扱いをしてはならないことを明記したものである。

これは、説明を求めた短時間労働者に対して事業主が法第14条第2項の規定により求められる範囲の説明を行ったにもかかわらず、繰り返し説明を求めてくるような場合に、職務に戻るよう命じ、それに従わない場合に当該不就労部分について就業規則に従い賃金カットを行うこと等まで、不利益な取扱いとして禁止する趣旨ではない。

指針第3の3の(2)の後段は、法第14条第2項に定める待遇の決定に当たって考慮した事項の説明を求めることにより、事業主から不利益な取扱いを受けることをおそれて、短時間労働者が本項に基づき説明を求めることができないようなことがないようにすることを明記したものである。

具体的には、説明を求めることにより、不利益な取扱いを受けると受け取られるような言辞及び行動をすべきでない。

また、法第16条の規定に基づく相談対応のための体制の整備を適切に実施すること等により、短時間労働者が不利益な取扱いを受けることへの危惧を持つことなく説明を求めることができるような職場環境としていくことが望まれる。

㈢ 「理由として」とは、短時間労働者が「過半数代表であること若しくは過半数代表者になろうとしたこと又は過半数代表者として正当な行為をしたこと」又は「待遇の決定に当たって考慮した事項の説明を求めたこと」と事業主が当該短時間労働者に対して不利益な取扱いを行うこととの間に因果関係があることをいう。

㈣ 「不利益な取扱い」とは、解雇、配置転換、降格、減給、昇給停止、出勤停止、労働契約の更新拒否等がこれに当たる。なお、配置転換等が不利益な取扱いに該当するかについては、給与その

他の労働条件、職務内容、職制上の地位、通勤事情、当人の将来に及ぼす影響等諸般の事情について、旧勤務と新勤務とを総合的に比較考慮の上、判断すべきものである。

㈭　指針第3の3の(3)は、事業主は、短時間労働者が親族の葬儀等のために勤務しなかったことを理由として、解雇等を行うことは適当でないことを明記したものである。

「親族の葬儀等」とは、親族の死に際して行われる葬儀等の行事をいい、「親族」及び「葬儀等」の範囲や「勤務しなかった」日数等については、社会通念上勤務しないことが許容される範囲のものが該当するものと考えられる。

「理由として」とは、短時間労働者が「親族の葬儀等のために勤務しなかったこと」と事業主が当該短時間労働者に対して解雇等を行うこととの間に因果関係があることをいう。

また、「解雇等」には、労働契約の更新拒否等が含まれるとともに、「親族の葬儀等のために勤務しなかったこと」を理由として直接的に解雇等を行う場合のみならず、出勤率、欠勤日数等を解雇等の判断基準として採用している場合に、当該勤務しなかった日を当該出勤率、欠勤日数等の算定に当たって計算に含めて、解雇等を行うことも含まれる。

ニ　短時間雇用管理者の氏名の周知（指針第3の4関係）

事業主は、短時間雇用管理者を選任したときは、その氏名を事業所の見やすい場所に掲示する等により、その雇用する短時間労働者に周知させるよう努めるものとしたものである。

なお、短時間雇用管理者の氏名の周知の方法としては、短時間雇用管理者の氏名及び短時間雇用管理者である旨を事業所の見やすい場所に掲示することのほか、例えば、これらの事項を書面に記載し短時間労働者に交付することでも差し支えない。

また、短時間雇用管理者を法第16条の規定に基づく相談体制とし、法第6条第1項の特定事項である相談窓口として文書の交付等により明示する場合には、その文書の交付等による明示の際に、相談窓

IV 改正後のパートタイム労働法の逐条解説

口となる者が短時間雇用管理者であることを併せて明示することでも差し支えない。

11 相談のための体制の整備

（相談のための体制の整備）

第16条 事業主は、短時間労働者の雇用管理の改善等に関する事項に関し、その雇用する短時間労働者からの相談に応じ、適切に対応するために必要な体制を整備しなければならない。

解 説

(1) 短時間労働者は、就業の実態が多様であり、通常の労働者と待遇が異なる理由が分かりにくく、これが不満につながりやすい。このため、法においては、雇入れ時に雇用管理の改善等の措置の内容について説明しなければならないこととするとともに、短時間労働者から求めがあったときに待遇の決定に当たって考慮した事項を説明しなければならないこととしている（第3章の9参照）。しかしながら、その待遇に係る疑義等について相談する体制が各事業所において十分に整っていなければ、短時間労働者に対する説明による納得性の向上の実効性は確保されない。このため、事業主は、雇用管理の改善等に関する事項に関し、その雇用する短時間労働者からの相談に応じ、適切に対応するために必要な体制を整備しなければならないこととしたものである。

(2) 「必要な体制」の整備とは、短時間労働者からの苦情を含めた相談に応じる窓口等の体制を整備することをいう。苦情を含めた相談に応じることができる窓口等であれば、その名称を問うものではなく、また、窓口等は組織であるか個人であるかを問わない。例えば、雇用する労働者の中から相談担当者を決め、相談に対応させること、短時間雇用管理者を選任している事業所において、短時間雇用管理者を相談担当者として定め、短時間労働者からの相談に対応させること、事業

91

主自身が相談担当者となり、相談に対応すること、外部専門機関に委託し、相談対応を行うこと等が考えられる。

　なお、本条においては、相談に応じる窓口等を整備すること自体が義務の対象となっているが、その窓口等においては、相談に対し、その内容や状況に応じ適切に対応することが求められる。

⑶　相談窓口は、法第6条第1項の特定事項であり、雇入れ時の文書等による明示事項とされている（則第2条第1項）。また、雇入れ時の文書等による明示のほか、事業所内の短時間労働者が通常目にすることができる場所に設置されている掲示板への掲示等により、短時間労働者に周知することが望まれる。

12　短時間雇用管理者

（短時間雇用管理者）

第17条　事業主は、常時厚生労働省令で定める数以上の短時間労働者を雇用する事業所ごとに、厚生労働省令で定めるところにより、指針に定める事項その他の短時間労働者の雇用管理の改善等に関する事項を管理させるため、短時間雇用管理者を選任するように努めるものとする。

□施行規則

（法第17条の厚生労働省令で定める数）

第6条　法第17条の厚生労働省令で定める数は、10人とする。

（短時間雇用管理者の選任）

第7条　事業主は、法第17条に定める事項を管理するために必要な知識及び経験を有していると認められる者のうちから当該事項を管理する者を短時間雇用管理者として選任するものとする。

解　説

⑴　短時間労働者については、通常の労働者と異なる雇用管理が行われていることに加えて、個々の短時間労働者の間でも個別多様に労働条

件が設定されることが多く、多くの短時間労働者を雇用する事業主は自らがすべての短時間労働者についてきめ細かな管理を行うことは困難な面が多い。そこで、事業所における短時間労働者の雇用管理の改善等を図るための体制を整備するために、事業主は、短時間労働者を常時厚生労働省令で定める数（則第6条により10人と定められている。）以上雇用する事業所ごとに、短時間雇用管理者を選任するように努めるものとしたものである。

(2) 則第7条においては、短時間雇用管理者は、指針に定める事項その他の短時間労働者の雇用管理の改善等に関する事項を管理させるために必要な知識及び経験を有していると認められる者のうちから、事業主が選任することとされている。この「必要な知識及び経験を有していると認められる者」とは、短時間雇用管理者の職務を遂行するに足る能力を有する者をいい、事業所の人事労務管理について権限を有する者が望ましい。

(3) 短時間雇用管理者が担当すべき業務としては、次のものが含まれる。

イ 法に定める事項は言うまでもなく、指針に定める事項その他の短時間労働者の雇用管理の改善等に関する事項について、事業主の指示に従い必要な措置を検討し、実施するとともに、必要に応じ、関係行政機関との連絡を行うこと。

ロ 短時間労働者の労働条件、就業環境に係る事項等に関し、短時間労働者の相談に応ずること。

13 報告の徴収並びに助言、指導及び勧告等

（報告の徴収並びに助言、指導及び勧告等）

第18条 厚生労働大臣は、短時間労働者の雇用管理の改善等を図るため必要があると認めるときは、短時間労働者を雇用する事業主に対して、報告を求め、又は助言、指導若しくは勧告をすることができる。

2 厚生労働大臣は、第6条第1項、第9条、第11条第1項、第12条から第14条まで及び第16条の規定に違反している事業主に対し、前項の規定

による勧告をした場合において、その勧告を受けた者がこれに従わなかっ
たときは、その旨を公表することができる。

3　前2項に定める厚生労働大臣の権限は、厚生労働省令で定めるところ
により、その一部を都道府県労働局長に委任することができる。

□施行規則
（権限の委任）
第8条　法第18条第1項に規定する厚生労働大臣の権限は、厚生労働大臣
が全国的に重要であると認めた事案に係るものを除き、事業主の事業所
の所在地を管轄する都道府県労働局の長が行うものとする。

解　説

(1)　報告の徴収並びに助言、指導及び勧告

イ　法第18条第1項は、本法の目的を達成するため、厚生労働大臣又
は都道府県労働局長は、短時間労働者の雇用管理の改善等を図るた
めに必要があると認めるときは、事業主に対し、報告を求め、又は
助言、指導若しくは勧告を行うことができることとしたものである。

ロ　本項の厚生労働大臣等の権限は、労働者からの申立て、第三者か
らの情報、職権等その端緒を問わず、必要に応じて行使し得るもの
である。

ハ　「短時間労働者の雇用管理の改善等を図るため必要があると認め
るとき」とは、法及び指針によって事業主が講ずべき措置について、
これが十分に講じられていないと考えられる場合において、その措
置を講ずることが雇用管理の改善等を図るため必要であると認めら
れるとき等をいうものである。

ニ　報告の徴収並びに助言、指導及び勧告は、おおむね次の（イ）～（ニ）
のとおり実施されるものである。

（イ）　報告の徴収

報告の徴収は、法第18条第1項の助言、指導、勧告のために行
う事実の調査として、文書の提出の要請、出頭を求めての事情聴

取、事業所への現地実情調査等を行うことのほか、法の施行に関し必要な事項につき事業主から報告を求めることをいう。

(ロ) 助言

法の規定（指針に規定された事項を含む。）に違反する状況を解消するために、事業主に対して口頭又は文書により行うものである。

(ハ) 指導

助言の対象となった事案のうち是正のためには強い要請が必要であると認められるものについて、事業主に対して文書の手交又は郵送の方法により行うものである。

(ニ) 勧告

指導の対象となった事案のうち是正のためには更に強い要請が特に必要であると認められるものについて、事業主に対して文書の手交又は郵送の方法により行うものである。

また、勧告を行う場合であって、事業主が当該勧告に係る必要な是正措置を講じるまでに一定の期間を要すると認められるときは、必要に応じ、当該事業主に対し、当該勧告において是正措置の実施に至るまでのスケジュール等を明記した措置計画の作成を求めることもある。

なお、(ハ)の「是正のためには強い要請が必要であると認められるもの」とは、具体的には、助言を行っても事業主に是正措置を講ずる意向が確認できないものをいい、(ニ)の「是正のためには更に強い要請が特に必要であると認められるもの」とは、具体的には、指導を行っても事業主に是正措置を講ずる意向が確認できないものをいう。

(2) 公表

短時間労働者について、通常の労働者との均衡のとれた待遇の確保等を図り、当該短時間労働者がその有する能力を有効に発揮することができるようにするための措置を推進するためには、通常の労働者と同視すべき短時間労働者に対する差別的取扱いを禁止する等、事業主

に一定の措置を義務付けるとともに、法違反の速やかな是正を求める
行政指導の効果を高め、法の実効性を確保することが必要である。

　このような観点から、厚生労働大臣は、法第6条第1項、第9条、
第11条第1項、第12条から第14条まで及び第16条の規定に違反してい
る事業主に対し自ら勧告をした場合において、その勧告を受けた者が
これに従わなかったときは、その旨を公表することができることとし
たものである。

(3)　権限の委任

イ　法第18条第1項及び則第8条の規定に基づき、厚生労働大臣が助
　言、指導、勧告を行う全国的に重要である事案とは、おおむね以下
　のいずれかに該当する事案をいう。

　(イ)　広範囲な都道府県にまたがり、事案の処理に当たり各方面との
　　調整が必要であると考えられる事案

　(ロ)　事案の性質上、広範な社会的影響力を持つと考えられる事案

　(ハ)　都道府県労働局長が勧告を行っても是正の意向がみられず、悪
　　質かつ重大な事案

　　なお、(ロ)については、企業の規模、事案に係るパートタイム労
　　働者の数等を考慮する。また、(ハ)における「悪質」とは、度重な
　　る説得に応じない等遵法意識のみられない場合をいい、「重大」
　　とは、事業主の措置により不利益を被る短時間労働者が多数いる
　　場合や社会的影響が大きい場合をいう。

ロ　法第18条第2項の規定に基づく厚生労働大臣による公表について
　は、則第8条において、都道府県労働局長に権限の委任がなされて
　いない。

第2節　事業主等に対する国の援助等

1　事業主等に対する援助

（事業主等に対する援助）

第19条　国は、短時間労働者の雇用管理の改善等の促進その他その福祉

の増進を図るため、短時間労働者を雇用する事業主、事業主の団体その他の関係者に対して、短時間労働者の雇用管理の改善等に関する事項についての相談及び助言その他の必要な援助を行うことができる。

解　説

(1)　短時間労働者の雇用管理の改善等の促進その他その福祉の増進を図るためには、事業主に対する短時間労働者の雇用管理の改善等に関する措置等の義務付け等の制度と相まって、短時間労働者の雇用管理の改善等の措置等を図る事業主等に対し、国が必要な援助を行うことが有効であると考えられる。

　　このため、国は、短時間労働者の雇用管理の改善等の促進その他その福祉の増進を図るため、短時間労働者を雇用する事業主、事業主の団体その他の関係者に対して、短時間労働者の雇用管理の改善等に関する事項についての相談及び助言その他の必要な援助を行うことができることとしたものである。

(2)　「その他の関係者」とは、事業主団体のほか、短時間労働者の雇用管理の改善等の支援を行っている団体を広く指すものである。

(3)　「その他の必要な援助」としては、短時間労働者の雇用管理の改善等に関する措置等についての好事例等の情報提供や助成金の支給などが考えられる。

2　職業訓練の実施等

（職業訓練の実施等）

第20条　国、都道府県及び独立行政法人高齢・障害・求職者雇用支援機構は、短時間労働者及び短時間労働者になろうとする者がその職業能力の開発及び向上を図ることを促進するため、短時間労働者、短時間労働者になろうとする者その他関係者に対して職業能力の開発及び向上に関する啓発活動を行うように努めるとともに、職業訓練の実施について特別の配慮をするものとする。

解　説

(1)　短時間労働者の中には、主要な仕事、高度な技術・技能が必要な仕事、責任のある仕事をしたいと希望する者がいるにもかかわらず、企業の対応は、教育訓練の実施率が低い等短時間労働者の能力をより有効に活用するための環境整備が十分になされているとは言い難い。

　　また、短時間労働者になろうとする者の中には、職業生活を一定期間中断していたこと等により、職業能力の減退、かつて習得した知識・技能の陳腐化等、就業しようとする職業に必要な能力に欠けるために希望する職業に従事できない者もいるところである。

　　このようなことから、国、都道府県及び独立行政法人高齢・障害・求職者雇用支援機構は、短時間労働者及び短時間労働者になろうとする者がその職業能力の開発及び向上を図ることを促進するため、職業能力の開発及び向上に関する啓発活動を行うように努めるとともに、職業訓練の実施について特別の配慮をすることとしたものである。

(2)　「特別の配慮」とは、職業能力開発促進センターや都道府県立職業能力開発校における短時間労働者及び短時間労働者になろうとする者等に対する普通職業訓練（短期課程）等の推進をいうものである。

3　職業紹介の充実等

（職業紹介の充実等）

第21条　国は、短時間労働者になろうとする者がその適性、能力、経験、技能の程度等にふさわしい職業を選択し、及び職業に適応することを容易にするため、雇用情報の提供、職業指導及び職業紹介の充実等必要な措置を講ずるように努めるものとする。

　解　説

　短時間労働者になろうとする者については、職業生活を一定期間中断していた者が多く、職業に関する知識、自らの適性・能力等についての客観的な理解、就労に対する心構え等が不十分であるとか、労働市場に関する

Ⅳ　改正後のパートタイム労働法の逐条解説

知識・情報が不足している場合があることなどから、きめ細かな配慮が必要とされる者が多いことにかんがみ、特に、その適性、能力、経験及び技能の程度等にふさわしい職業を選択し、並びに職業に適応することを容易にするため、国は、雇用情報の提供、職業指導及び職業紹介の充実等必要な措置を講ずるように努めることとしたものである。

第4章　紛争の解決

　法第4章は、紛争を解決するための仕組みとして、第1節において苦情の自主的解決及び都道府県労働局長による紛争の解決の援助について、第2節において調停制度について定めたものである。

第1節　紛争の解決の援助
1　苦情の自主的解決

（苦情の自主的解決）

第22条　事業主は、第6条第1項、第9条、第11条第1項及び第12条から第14条までに定める事項に関し、短時間労働者から苦情の申出を受けたときは、苦情処理機関（事業主を代表する者及び当該事業所の労働者を代表する者を構成員とする当該事業所の労働者の苦情を処理するための機関をいう。）に対し当該苦情の処理を委ねる等その自主的な解決を図るように努めるものとする。

　解　説

(1)　企業の雇用管理に関する労働者の苦情や労使間の紛争は、本来労使間で自主的に解決することが望ましいことから、事業主は、法第6条第1項、第9条、第11条第1項及び第12条から第14条までに定める事項に関し、短時間労働者から苦情の申出を受けたときは、労使により構成される苦情処理機関に苦情の処理を委ねる等その自主的な解決を図るよう努めなければならないこととしたものである。

　　なお、この他の事項に関する苦情についても自主的解決が望ましい

99

ことについては、第15条の「解説」の(5)ロ(ハ)のとおりである。

(2) 「苦情処理機関」とは、事業主を代表する者及び当該事業所の労働者を代表する者を構成員とする当該事業所の労働者の苦情を処理するための機関等をいう。これは、労働者の苦情については、まずはこのような苦情処理機関における処理に委ねることが最も適切な解決方法の一つであることから、これを例示したものである。

(3) 「苦情の処理を委ねる等」の「等」には、法第16条に基づく相談のための体制の活用や短時間雇用管理者が選任されている事業所においてはこれの活用等、労働者の苦情を解決するために有効であると考えられる措置が含まれる。

(4) 苦情処理機関等事業所内における苦情の自主的解決のための仕組みについては、短時間労働者に対し周知を図ることが望ましい。

(5) 法では、短時間労働者と事業主との間の個別紛争の解決を図るため、本条のほか、法第24条第1項において都道府県労働局長による紛争解決の援助を定め、また、法第25条第1項において紛争調整委員会（以下「委員会」という。）による調停を定めているが、これらは、それぞれ紛争の解決のための独立した手段であり、本条による自主的解決の努力は、都道府県労働局長の紛争解決の援助や委員会による調停の開始の要件とされているものではない。しかしながら、企業の雇用管理に関する労働者の苦情や労使間の紛争は、本来労使で自主的に解決することが望ましいことから、まず、本条に基づき、企業内において自主的解決の努力を行うことが望ましい。

2 紛争の解決の促進に関する特例

（紛争の解決の促進に関する特例）
第23条　前条の事項についての短時間労働者と事業主との間の紛争については、個別労働関係紛争の解決の促進に関する法律（平成13年法律第112号）第4条、第5条及び第12条から第19条までの規定は適用せず、次条から第27条までに定めるところによる。

IV 改正後のパートタイム労働法の逐条解説

解　説

(1)　法第6条第1項、第9条、第11条第1項及び第12条から第14条までに定める事項に係る事業主の一定の措置についての短時間労働者と事業主との間の紛争（以下「短時間労働者の均衡待遇等に係る紛争」という。）については、個別労働関係紛争の解決の促進に関する法律（平成13年法律第112号。以下「個別労働関係紛争解決促進法」という。）第4条、第5条及び第12条から第19条までの規定は適用せず、法第24条から第27条までの規定によることとしたものである。

(2)　これは、個別労働関係紛争解決促進法に係る紛争は、解雇等労使間の個別の事情に関わるものが多いことから、あっせん委員が労使の間に入ってその話し合いを促進するあっせんの手法が効果的であるのに対し、短時間労働者の均衡待遇等に係る紛争は、当該事業所における賃金制度等に由来するものであり、継続的な勤務関係にある中で差別的取扱い等であるかどうかの認定を行った上で必要な制度の見直し案等の調停案を示し、受諾の勧告を行うことが有効であり、このように両者の紛争の性格が異なることによるものである。

(3)　「紛争」とは、短時間労働者の雇用管理の改善等に関する措置に係る事業主の一定の措置に関して、短時間労働者と事業主との間で主張が一致せず、対立している状態をいう。

3　紛争の解決の援助

（紛争の解決の援助）

第24条　都道府県労働局長は、前条に規定する紛争に関し、当該紛争の当事者の双方又は一方からその解決につき援助を求められた場合には、当該紛争の当事者に対し、必要な助言、指導又は勧告をすることができる。

2　事業主は、短時間労働者が前項の援助を求めたことを理由として、当該短時間労働者に対して解雇その他不利益な取扱いをしてはならない。

解　説

(1)　紛争の解決の援助

　　短時間労働者の均衡待遇等に係る紛争の迅速かつ円満な解決を図るため、都道府県労働局長は、当該紛争の当事者（以下「関係当事者」という。）の双方又は一方からその解決について援助を求められた場合には、関係当事者に対して、必要な助言、指導又は勧告をすることができることとしたものである。

　イ　「紛争の当事者」とは、現に紛争の状態にある短時間労働者及び事業主をいう。したがって、労働組合等の第三者は関係当事者にはなり得ない。

　ロ　「助言、指導又は勧告」は、紛争の解決を図るため、当該紛争の当事者に対して具体的な解決策を提示し、これを自発的に受け入れることを促す手段として定められたものであり、紛争の当事者にこれに従うことを強制するものではない。

(2)　紛争の解決の援助を求めたことを理由とする解雇その他不利益な取扱いの禁止

　イ　法第24条第1項の紛争の解決の援助により、関係当事者間に生じた個別具体的な紛争を円滑に解決することの重要性にかんがみれば、事業主に比べ弱い立場にある短時間労働者を事業主の不利益取扱いから保護する必要があることから、短時間労働者が紛争の解決の援助を求めたことを理由とする解雇その他不利益な取扱いを禁止することとしたものである。

　ロ　「理由として」及び「不利益な取扱い」の意義については、それぞれ第15条の「解説」の(5)ハ(ハ)及び(ニ)と同じである。

第2節　調停

1　調停の委任

（調停の委任）

第25条　都道府県労働局長は、第23条に規定する紛争について、当該紛

争の当事者の双方又は一方から調停の申請があった場合において当該紛
争の解決のために必要があると認めるときは、個別労働関係紛争の解決
の促進に関する法律第6条第1項の紛争調整委員会に調停を行わせるも
のとする。

2　前条第2項の規定は、短時間労働者が前項の申請をした場合について
準用する。

解　説

(1)　調停の委任

イ　短時間労働者の均衡待遇等に係る紛争について、関係当事者間の
自主的な解決、都道府県労働局長による紛争解決の援助に加え、公
正、中立な第三者機関の調停による解決を図るため、関係当事者の
双方又は一方から調停の申請があった場合において当該紛争の解決
のために必要があると認めるときは、都道府県労働局長は、委員会
に調停を行わせることとしたものである。

ロ　「関係当事者」とは、現に紛争の状態にある短時間労働者及び事
業主をいう。したがって、労働組合等の第三者は関係当事者にはな
り得ない。

ハ　「調停」とは、紛争の当事者の間に第三者が関与し、当事者の互
譲によって紛争の現実的な解決を図ることを基本とするものであり、
行為が法律に抵触するか否か等を判定するものではなく、むしろ行
為の結果生じた損害の回復等について現実的な解決策を提示して、
当事者の歩み寄りにより当該紛争を解決しようとするものである。

ニ　次の要件に該当する事案については、「当該紛争の解決のために
必要があると認め」られないものとして、原則として、調停に付す
ことは適当であるとは認められない。

(イ)　申請が、当該紛争に係る事業主の措置が行われた日（継続する
措置の場合にあってはその終了した日）から1年を経過した紛争
に係るものであるとき。

(ロ)　申請に係る紛争が、既に司法的救済又は他の行政的救済に係属

しているとき（関係当事者双方に、当該手続よりも調停を優先する意向がある場合を除く。）。

(ハ) 集団的な労使紛争にからんだものであるとき。

ホ　都道府県労働局長が「紛争の解決のために必要がある」か否かを判断するに当たっては、ニに該当しない場合は、法第22条による自主的解決の努力の状況も考慮の上、原則として調停を行う必要があると判断されるものである。

(2) 調停の申請をしたことを理由とする解雇その他不利益な取扱いの禁止

イ　法第25条第１項の調停により、関係当事者間に生じた個別具体的な紛争を円滑に解決することの重要性にかんがみれば、事業主に比べ弱い立場にある短時間労働者を事業主の不利益取扱いから保護する必要があることから、短時間労働者が調停の申請をしたことを理由とする解雇その他不利益な取扱いを禁止することとしたものである。

ロ　「理由として」及び「不利益な取扱い」の意義については、それぞれ第15条の「解説」の(5)ハ(ハ)及び(ニ)と同じである。

2　調停

（調停）

第26条　雇用の分野における男女の均等な機会及び待遇の確保等に関する法律（昭和47年法律第113号）第19条、第20条第１項及び第21条から第26条までの規定は、前条第１項の調停の手続について準用する。この場合において、同法第19条第１項中「前条第１項」とあるのは「短時間労働者の雇用管理の改善等に関する法律第25条第１項」と、同法第20条第１項中「関係当事者」とあるのは「関係当事者又は関係当事者と同一の事業所に雇用される労働者その他の参考人」と、同法第25条第１項中「第18条第１項」とあるのは「短時間労働者の雇用管理の改善等に関する法律第25条第１項」と読み替えるものとする。

Ⅳ　改正後のパートタイム労働法の逐条解説

（厚生労働省令への委任）

第27条　この節に定めるもののほか、調停の手続に関し必要な事項は、厚生労働省令で定める。

□施行規則

（準用）

第9条　雇用の分野における男女の均等な機会及び待遇の確保等に関する法律施行規則（昭和61年労働省令第2号）第3条から第12条までの規定は、法第25条第1項の調停の手続について準用する。この場合において、同令第3条第1項中「法第18条第1項」とあるのは「短時間労働者の雇用管理の改善等に関する法律（以下「短時間労働者法」という。）第25条第1項」と、同項並びに同令第4条（見出しを含む。）、第5条（見出しを含む。）及び第8条第1項中「機会均等調停会議」とあるのは「均衡待遇調停会議」と、同令第6条中「法第18条第1項」とあるのは「短時間労働者法第25条第1項」と、「事業場」とあるのは「事業所」と、同令第8条第1項及び第3項中「法第20条第1項又は第2項」とあるのは「短時間労働者法第26条において準用する法第20条第1項」と、同項中「法第20条第1項の」とあるのは「短時間労働者法第26条において準用する法第20条第1項の」と、同令第9条中「関係当事者」とあるのは「関係当事者又は関係当事者と同一の事業所に雇用される労働者その他の参考人」と、同令第10条第1項中「第4条第1項及び第2項」とあるのは「短時間労働者の雇用管理の改善等に関する法律施行規則第9条において準用する第4条第1項及び第2項」と、「第8条」とあるのは「同令第9条において準用する第8条」と、同令第11条第1項中「法第21条」とあるのは「短時間労働者法第26条において準用する法第21条」と、同令別記様式中「労働者」とあるのは「短時間労働者」と、「事業場」とあるのは「事業所」と読み替えるものとする。

解　　説

(1)　調停の手続については、法第26条において準用する男女雇用機会均

105

等法第19条、第20条第1項及び第21条から第26条までの規定並びに則第9条において準用する雇用の分野における男女の均等な機会及び待遇の確保等に関する法律施行規則（昭和61年労働省令第2号。以下「男女雇用機会均等法施行規則」という。）第3条から第12条までの規定に基づき行われるものである。

　法第22条の苦情の自主的解決の努力は委員会の調停を開始する要件ではないが、企業の雇用管理に関する労働者の苦情や労使間の紛争は、本来労使で自主的に解決することが望ましいことにかんがみ、調停を申し立てる前に苦情の自主的解決の努力を行うことが望ましい。

(2)　委員会の会長は、調停委員のうちから、法第25条第1項の規定により委任を受けて同項に規定する紛争についての調停を行うための会議（以下「均衡待遇調停会議」という。）を主任となって主宰する調停委員（以下「主任調停委員」という。）を指名する。また、主任調停委員に事故があるときは、あらかじめその指名する調停委員がその職務を代理する（則第9条において準用する男女雇用機会均等法施行規則第3条第1項及び第2項）。

(3)　均衡待遇調停会議は、主任調停委員が招集し、調停委員2人以上が出席しなければ、開くことができない。均衡待遇調停会議は、公開しない（則第9条において準用する男女雇用機会均等法施行規則第4条第1項から第3項まで）。

(4)　均衡待遇調停会議の庶務は、当該都道府県労働局雇用均等室において処理する（則第9条において準用する男女雇用機会均等法施行規則第5条）。

(5)　法第25条第1項の調停の申請をしようとする者は、調停申請書を当該調停に係る紛争の関係当事者である労働者に係る事業所の所在地を管轄する都道府県労働局長に提出しなければならない（則第9条において準用する男女雇用機会均等法施行規則第6条及び別記様式）。

(6)　都道府県労働局長は、委員会に調停を行わせることとしたときは、遅滞なく、その旨を会長及び主任調停委員に通知する。また、都道府県労働局長は、委員会に調停を行わせることとしたときは関係当事者

の双方に対して、調停を行わせないこととしたときは調停を申請した関係当事者に対して、遅滞なく、その旨を書面によって通知する（則第9条において準用する男女雇用機会均等法施行規則第7条第1項及び第2項）。

(7) 調停は、3人の調停委員が行い、その調停委員は、委員会の委員のうちから会長があらかじめ指名する（法第26条において準用する男女雇用機会均等法第19条第1項及び第2項）。

(8) 委員会は、調停のために必要があると認めるときは、関係当事者又は関係当事者と同一の事業所に雇用される労働者その他の参考人（以下「関係当事者等」という。）の出頭を求め、その意見を聴くことができる（法第26条において準用する男女雇用機会均等法第20条第1項）。ただし、この「出頭」は、強制的な権限に基づくものではなく、相手の同意によるものである。これらの出頭については、必ず関係当事者等（法人である場合には、委員会が指定する者）により行われることが必要である。

「その他の参考人」とは、関係当事者である短時間労働者が雇用されている事業所に過去に雇用されていた者、同一の事業所で就業する派遣労働者などを指すものである。

委員会に「関係当事者と同一の事業所に雇用される労働者その他の参考人」の出頭を求めることができることとしたのは、委員会が通常の労働者との比較が問題となる短時間労働者の均衡待遇等に係る紛争を扱うため、比較対象となる通常の労働者の就業の実態について明らかにすることが必要であり、また、調停案の内容によっては同一の事業所において雇用される他の短時間労働者等に対しても影響を及ぼし得ることから、これらの者を参考人として意見聴取することが必要な場合があるためである。

(9) 委員会から出頭を求められた関係当事者等は、主任調停委員の許可を得て、補佐人を伴って出頭することができ、補佐人は、主任調停委員の許可を得て陳述を行うことができる（則第9条において準用する男女雇用機会均等法施行規則第8条第1項及び第2項）。

「補佐人」は、関係当事者等が陳述を行うことを補佐することができる者である。なお、補佐人の陳述は、あくまでも関係当事者等の主張や説明を補足するためのものであり、補佐人が自ら主張を行ったり、関係当事者等に代わって意思表示を行ったりすることはできない。

⑽　委員会から出頭を求められた関係当事者等は、主任調停委員の許可を得て、当該事件について意見を述べることができるほか、他人に代理させることができる（則第9条において準用する男女雇用機会均等法施行規則第8条第3項）。他人に代理させることについて主任調停委員の許可を得ようとする者は、代理人の氏名、住所及び職業を記載した書面に、代理権授与の事実を証明する書面を添付して、主任調停委員に提出しなければならない（則第9条において準用する男女雇用機会均等法施行規則第8条第4項）。

⑾　委員会は、当該事件の事実の調査のために必要があると認めるときは、関係当事者等に対し、当該事件に関係のある文書又は物件の提出を求めることができる（則第9条において準用する男女雇用機会均等法施行規則第9条）。

⑿　委員会は、必要があると認めるときは、調停の手続の一部を特定の調停委員に行わせることができる。「調停の手続の一部」とは、現地調査や、提出された文書等の分析・調査、関係当事者等からの事情聴取等が該当する。この場合において、則第9条において準用する男女雇用機会均等法施行規則第4条第1項及び第2項の規定は適用せず、則第9条において準用する男女雇用機会均等法施行規則第8条の規定の適用については、同条中「主任調停委員」とあるのは「特定の調停委員」とする。

また、委員会は、必要があると認めるときは、当該事件の事実の調査を都道府県労働局雇用均等室の職員に委嘱することができる（則第9条において準用する男女雇用機会均等法施行規則第10条第1項及び第2項）。

⒀　委員会は、関係当事者からの申立てに基づき必要があると認めるときは、当該委員会が置かれる都道府県労働局の管轄区域内の主要な労

働者団体又は事業主団体が指名する関係労働者を代表する者又は関係
事業主を代表する者から意見を聴くものとする（法第26条において準
用する男女雇用機会均等法第21条）。

「主要な労働者団体又は事業主団体が指名する関係労働者を代表す
る者又は関係事業主を代表する者」については、主要な労働者団体又
は事業主団体に対して、期限を付して関係労働者を代表する者又は関
係事業主を代表する者の指名を求めるものとする（則第９条において
準用する男女雇用機会均等法施行規則第11条第１項）。

関係労働者を代表する者又は関係事業主を代表する者の指名は、事
案ごとに行うものである。指名を求めるに際しては、管轄区域内のす
べての主要な労働者団体及び事業主団体から指名を求めなければなら
ないものではなく、調停のため必要と認められる範囲で、主要な労働
者団体又は事業主団体のうちの一部の団体から指名を求めることで足
りる。委員会の求めがあった場合には、当該労働者団体又は事業主団
体は、当該事件につき意見を述べる者の氏名及び住所を委員会に通知
する（則第９条において準用する男女雇用機会均等法施行規則第11条
第２項）。

⒁　委員会は、調停案を作成し、関係当事者に対しその受諾を勧告する
ことができる（法第26条において準用する男女雇用機会均等法第22条）。
調停案の作成は、調停委員の全員一致をもって行う（則第９条におい
て準用する男女雇用機会均等法施行規則第12条第１項）。また、「受諾
を勧告する」とは、両関係当事者に調停案の内容を示し、その受諾を
勧めるものであり、その受諾を義務付けるものではない。委員会は、
調停案の受諾を勧告する場合には、関係当事者の双方に対し、受諾す
べき期限を定めて行う（則第９条において準用する男女雇用機会均等
法施行規則第12条第２項）。

関係当事者は、調停案を受諾したときは、その旨を記載し、記名押
印した書面を委員会に提出しなければならない（則第９条において準
用する男女雇用機会均等法施行規則第12条第３項）。しかしながら、
この「書面」は、関係当事者が調停案を受諾した事実を委員会に対し

て示すものであって、それのみをもって関係当事者間において民事的効力を持つものではない。

⒂ 委員会は、調停に係る紛争について調停による解決の見込みがないと認めるときは、調停を打ち切ることができ、その場合、その旨を関係当事者に通知しなければならない（法第26条において準用する男女雇用機会均等法第23条）。

「調停による解決の見込みがないと認めるとき」とは、調停により紛争を解決することが期待し難いと認められる場合や調停により紛争を解決することが適当でないと認められる場合がこれに当たるものであり、具体的には、調停開始後長期の時間的経過をみている場合や当事者の一方が調停に非協力的で再三にわたる要請にもかかわらず出頭しない場合、調停が当該紛争の解決のためでなく労使紛争を有利に導くために利用される場合等が原則としてこれに含まれる。

3 時効の中断（法第26条において準用する男女雇用機会均等法第24条関係）

○男女雇用機会均等法

（時効の中断）

第24条 前条第1項の規定により調停が打ち切られた場合において、当該調停の申請をした者が同条第2項の通知を受けた日から30日以内に調停の目的となつた請求について訴えを提起したときは、時効の中断に関しては、調停の申請の時に、訴えの提起があつたものとみなす。

解 説

(1) 本条は、調停が打ち切られた場合に、当該調停の申請をした者が打切りの通知を受けた日から30日以内に調停の目的となった請求について訴えを提起したときは、調停の申請の時に遡り、時効の中断が生じることを明らかにしたものである。

(2) 「調停の申請の時」とは、申請書が現実に都道府県労働局長に提出

された日であって、申請書に記載された申請年月日ではない。また、調停の過程において申請人が調停を求める事項の内容を変更又は追加した場合には、当該変更又は追加した時が「申請の時」に該当するものと解される。

「通知を受けた日から30日以内」とは、民法の原則に従い、文書の到達した日の当日は期間の計算に当たり算入されないため、書面による調停打切りの通知が到達した日の翌日から起算して30日以内である。

「調停の目的となった請求」とは、当該調停手続において調停の対象とされた具体的な請求（地位確認、損害賠償請求等）を指す。本条が適用されるためには、これらと訴えに係る請求とが同一性のあるものでなければならない。

4 訴訟手続の中止（法第26条において準用する男女雇用機会均等法第25条関係）

○男女雇用機会均等法
（訴訟手続の中止）
第25条　第18条第１項（読み替え後：短時間労働者の雇用管理の改善等に関する法律第25条第１項）に規定する紛争のうち民事上の紛争であるものについて関係当事者間に訴訟が係属する場合において、次の各号のいずれかに掲げる事由があり、かつ、関係当事者の共同の申立てがあるときは、受訴裁判所は、４月以内の期間を定めて訴訟手続を中止する旨の決定をすることができる。
　一　当該紛争について、関係当事者間において調停が実施されていること。
　二　前号に規定する場合のほか、関係当事者間に調停によつて当該紛争の解決を図る旨の合意があること。
２　受訴裁判所は、いつでも前項の決定を取り消すことができる。
３　第１項の申立てを却下する決定及び前項の規定により第１項の決定を取り消す決定に対しては、不服を申し立てることができない。

解　説

(1)　本条は、関係当事者が調停による紛争解決が適当であると考えた場合であって、調停の対象となる紛争のうち民事上の紛争であるものについて訴訟が係属しているとき、関係当事者が和解交渉に専念する環境を確保することができるよう、受訴裁判所は、訴訟手続を中止することができることとしたものである。

(2)　具体的には、法第25条第1項に規定する紛争のうち民事上の紛争であるものについて関係当事者間に訴訟が係属する場合において、次のいずれかの事由があり、かつ、関係当事者の共同の申立てがあるときは、受訴裁判所は、4か月以内の期間を定めて訴訟手続を中止する旨を決定することができる。

イ　当該紛争について、関係当事者間において調停が実施されていること。

ロ　イの場合のほか、関係当事者間に調停によって当該紛争の解決を図る旨の合意があること。

なお、受訴裁判所は、いつでも訴訟手続を中止する旨の決定を取り消すことができる。また、関係当事者の申立てを却下する決定及び訴訟手続を中止する旨の決定を取り消す決定に対しては、不服を申し立てることができない。

5　資料提供の要求等（法第26条において準用する男女雇用機会均等法第26条）

○男女雇用機会均等法

（資料提供の要求等）

第26条　委員会は、当該委員会に係属している事件の解決のために必要があると認めるときは、関係行政庁に対し、資料の提供その他必要な協力を求めることができる。

Ⅳ 改正後のパートタイム労働法の逐条解説

解　説

委員会は、当該委員会に係属している事件の解決のために必要があると認めるときは、関係行政庁に対し、資料の提供その他必要な協力を求めることができる。

「関係行政庁」とは、例えば、国の機関の地方支分部局や都道府県等の地方自治体が考えられる。「その他必要な協力」とは、情報の提供や便宜の供与等をいうものである。

第5章　雑則

1　雇用管理の改善等の研究等

（雇用管理の改善等の研究等）
第28条　厚生労働大臣は、短時間労働者がその有する能力を有効に発揮することができるようにするため、短時間労働者のその職域の拡大に応じた雇用管理の改善等に関する措置その他短時間労働者の雇用管理の改善等に関し必要な事項について、調査、研究及び資料の整備に努めるものとする。

解　説

短時間労働者の職域の拡大に伴い、基幹的、恒常的な職務や専門的、技術的な職務に従事する短時間労働者も存在するなど、短時間労働者の就業の実態は多様化・複雑化しつつある。

このため、厚生労働大臣は、短時間労働者がその能力を有効に発揮できるようにするため、雇用管理の改善等に関する事項について、調査、研究及び資料の整備に努めることとしたものである。

具体的には、短時間労働者の雇用管理の改善等に関する好事例を収集・分析することや、短時間労働者の雇用管理の改善等に資する評価制度についてガイドラインを作成すること等が考えられる。

113

2 適用除外

（適用除外）

第29条　この法律は、国家公務員及び地方公務員並びに船員職業安定法（昭和23年法律第130号）第6条第1項に規定する船員については、適用しない。

解　　説

　本条は、国家公務員及び地方公務員の処遇については、国民及び地域住民全体の共同利益の見地から、国家公務員法、地方公務員法、人事院規則、条例等の法令に基づいて任免、服務、労働条件等が定められていること、また、法は、事業主がその雇用する短時間労働者について主体的に雇用管理の改善等を行うこと等により短時間労働者の福祉の増進等を図ろうとするものであり、勤務条件等が法令等により定められている国家公務員及び地方公務員には、その施策がそもそもなじまないことから、国家公務員及び地方公務員について法の適用を除外することとしたものである。

　また、船員については、その労働及び生活は船舶の中で行われているという一般の労働者とは異なる特殊性があり、その労働関係の規律については船員法等一般の労働者とは異なる別個の法体系の中で規定されていることから、法の適用を除外することとしたものである。

3 過料

（過料）

第30条　第18条第1項の規定による報告をせず、又は虚偽の報告をした者は、20万円以下の過料に処する。

第31条　第6条第1項の規定に違反した者は、10万円以下の過料に処する。

Ⅳ　改正後のパートタイム労働法の逐条解説

解　説

(1)　法第18条第1項の助言、指導及び勧告を適切に行うためには、その前提として、同項の報告の徴収を適切に行う必要がある。このため、法第30条は、法第18条第1項の規定による報告をせず、又は虚偽の報告をした者に対して、20万円以下の過料に処することとしたものである。

(2)　法第31条は、法第6条第1項の規定による義務の履行を確保するため、同項の規定に違反した事業主に対して、10万円以下の過料に処することとしたものである。

(3)　過料については、非訟事件手続法(平成23年法律第51号)第5編の過料事件の規定により、管轄の地方裁判所において過料の裁判の手続を行うこととなる。都道府県労働局長は、法第30条又は第31条の要件に該当する事実がある場合には、管轄の地方裁判所に対し、当該事実に係る事業主について、法第30条又は第31条の規定に基づき過料に処すべき旨の通知を行うこととなる。

115

Ⅴ パートタイム労働者に関係のある他の法律の規定の内容

パートタイム労働者に関しては、他の法律で、パートタイム労働者に直接関係のある様々の規定が定められています。その主なものをみると、次のとおりです。

1 労働契約法

パートタイム労働者の労働契約については、3か月、6か月、1年等と期間の定めのある労働契約（有期労働契約）を締結し、それを反復更新するものが多くみられますが、このような有期労働契約に関して、次のようなことが定められています。

⑴ 有期労働契約の契約期間（第17条第2項）

有期労働契約については、使用者は、その有期労働契約により労働者を使用する目的からみて必要以上に短い期間を定めることにより、その有期労働契約を反復更新することのないように配慮しなければなりません。

⑵ 有期労働契約の更新等（第19条）

次のいずれかに該当する有期労働契約の契約期間が満了する日（以下「満了日」といいます。）までの間に労働者がその有期労働契約の更新の申込みをした場合又は契約期間の満了後遅滞なく有期労働契約の締結の申込みをした場合であって、使用者がその申込みを拒絶することが客観的に合理的な理由を欠き社会通念上相当であると認められないときは、使用者は、従前の有期労働契約の労働条件と同一の労働条件でその申込みを承諾したものとみなされます。

① その有期労働契約が過去に反復して更新されたことがあるものであって、その契約期間の満了時にその有期労働契約を更新しないで

終了させることが、期間の定めのない労働契約（無期労働契約）を締結している労働者に解雇の意思表示をしてその無期労働契約を終了させることと社会通念上同視できると認められること。

② その労働者がその有期労働契約の契約期間の満了時にその有期労働契約が更新されるものと期待することについて、合理的な理由があると認められること。

(3) 有期労働契約の無期労働契約への転換（第18条、労働契約法第18条第1項の通算契約期間に関する基準を定める省令（平成24年厚生労働省令第148号））

同一の使用者との間で締結された2以上の有期労働契約（平成25年4月1日以後に契約期間が開始されたものに限ります。）の契約期間を通算した期間（以下「通算契約期間」といいます。）が5年を超える労働者が、使用者に対し、現に締結している有期労働契約の契約期間の満了日までに、その満了日の翌日から労務が提供される無期労働契約の締結の申込みをしたときは（注1）、使用者はその申込みを承諾したものとみなされます。そして、その場合の無期労働契約の労働条件は、現に締結している有期労働契約の労働条件（契約期間を除きます。）と同一の労働条件であるとされます。

上記の通算契約期間の算定に当たっては、その使用者との間で締結された1の有期労働契約の契約期間の満了日とその使用者との間で締結された次の有期労働契約の契約期間の初日との間に空白期間があり、その空白期間が6か月以上（その空白期間の直前に満了した1の有期労働契約の契約期間（その1の有期労働契約を含む2以上の有期労働契約の契約期間の間に空白期間がないときは、その2以上の有期労働契約の契約期間を通算した期間）が1年未満である場合には、その有期労働契約の契約期間に2分の1を乗じて得た期間を基礎として厚生労働省令で定める期間以上（注2））であるときは、その空白期間前に満了した有期労働契約の契約期間は、通算契約期間に算入されません。

（注1） 同一の使用者との間で有期労働契約を1回以上更新し、通

算契約期間が5年を超える労働者には、その使用者に対しその有期労働契約の無期労働契約への転換を申し込む権利（無期転換申込み権）が発生するとされています。

(注2)　その空白期間の長さは、具体的には、その有期労働契約の契約期間の長さに応じ、次のとおりとされています。

有期労働契約の契約期間	空白期間
2か月以下	1か月以上
2か月超～4か月以下	2か月以上
4か月超～6か月以下	3か月以上
6か月超～8か月以下	4か月以上
8か月超～10か月以下	5か月以上
10か月超～1年未満	6か月以上

(4)　期間の定めのあることによる不合理な労働条件の禁止（第20条）

　　有期労働契約を締結している労働者の労働条件が、期間の定めがあることにより同一の使用者と無期労働契約を締結している労働者の労働条件と相違する場合には、その労働条件の相違は、労働者の業務の内容及びその業務に伴う責任の程度（以下「職務の内容」といいます。）、職務の内容及び配置の変更の範囲その他の事情を考慮して、不合理と認められるものであってはなりません。

　　これは、パートタイム労働者（短時間労働者）の待遇が通常の労働者の待遇と相違する場合におけるその相違の可否についての考え方を定めたパートタイム労働法第8条の規定と類似したものです。

(5)　有期労働契約の契約期間中の解雇（第17条第1項）

　　有期労働契約については、使用者は、やむを得ない事由がある場合でなければ、その契約期間の途中に労働者を解雇することはできません。

　　この「やむを得ない事由」があるかどうかは、個別具体的な事案に応じて判断されます。

2　労働基準法

(1)　有期労働契約の更新の基準の明示（第15条第1項、労働基準法施

行規則（昭和22年厚生省令第23号）第5条）

　使用者は、労働契約の締結に際し、労働者に賃金、労働時間等の労働条件を明示しなければなりませんが、有期労働契約であって契約期間の満了後にその有期労働契約を更新する場合があるものを締結する場合には、労働者にその有期労働契約を更新する場合の基準を労働条件通知書等の書面の交付によって明示しなければなりません。

(2)　有期労働契約の更新及び雇止め（第14条第2項及び第3項）

　有期労働契約の締結時及び契約期間の満了時における労働者と使用者との間の紛争の発生を防止するため、「有期労働契約の締結、更新及び雇止めに関する基準」（平成15年厚生労働省告示第357号）が定められており、労働行政機関は、その基準について使用者に必要な助言・指導を行うことができることとされています。その基準の内容は、次のとおりです。

イ　使用者は、有期労働契約（契約を1回以上更新し、かつ、雇入れの日から1年を超えて継続勤務している者に係るもの）を更新しようとする場合には、その有期労働契約の実態及び労働者の希望に応じて、契約期間をできる限り長くするように努めなければなりません。

ロ　使用者は、有期労働契約（契約を3回以上更新し、又は雇入れの日から1年を超えて継続勤務している者に係るものに限り、あらかじめ契約を更新しない旨明示されているものを除く。）を更新しないこととしようとする場合（すなわち、雇止めをしようとする場合）には、少なくともその有期労働契約の契約期間の満了日の30日前までに、その旨予告をしなければなりません。

ハ　使用者は、上記ロの有期労働契約を更新しないこと（雇止めをすること）を予告した場合に、労働者がその更新しない（雇止めをする）こととする理由について証明書を請求したときは、遅滞なくこれを交付しなければなりません。上記ロの有期労働契約を更新しなかった場合（雇止めをした場合）に、事後に、労働者がその更新しなかった（雇止めをした）理由について証明書を請求したときも、

同様です。

(3) 年次有給休暇（第39条第3項）

　使用者は、雇入れの日から6か月間継続勤務し、全労働日の8割以上出勤した労働者（通常の労働者）に対して、10日の有給休暇を与えなければならず、その後も、1年6か月以上継続勤務した労働者（通常の労働者）に対して、雇入れ後の6か月を超える継続勤務年数1年（その1年間に全労働日の8割以上出勤した場合に限ります。）ごとに、一定の日数（最高10日）を加算した有給休暇を与えなければなりませんが、1週間の所定労働時間が30時間未満で、かつ、1週間の所定労働日数が4日以下（週以外の期間によって所定労働日数が定められている場合には、1年間の所定労働日数が216日以下）の労働者（パートタイム労働者は、これに該当する場合が少なくないと考えられます。）については、通常の労働者の有給休暇の日数との比例付与の考え方により、次の日数の有給休暇を与えなければなりません。

週所定労働時間	週所定労働日数	1年間の所定労働日数（週以外の期間によって労働日数が定められている場合）	雇入れの日から起算した継続勤務期間の区分に応ずる年次有給休暇の日数						
			6箇月	1年6箇月	2年6箇月	3年6箇月	4年6箇月	5年6箇月	6年6箇月以上
30時間以上			10日	11日	12日	14日	16日	18日	20日
30時間未満	5日以上	217日以上							
	4日	169日から216日まで	7日	8日	9日	10日	12日	13日	15日
	3日	121日から168日まで	5日	6日	6日	8日	9日	10日	11日
	2日	73日から120日まで	3日	4日	4日	5日	6日	6日	7日
	1日	48日から72日まで	1日	2日	2日	2日	3日	3日	3日

3　育児・介護休業法

(1) 育児休業（第5条及び第6条）

　有期労働契約を締結している労働者（以下「有期雇用労働者」とい

います。）であって、①同一の事業主に引き続き1年以上雇用されていること、②子が1歳に達した日後も引き続き雇用されることが見込まれること、③子が1歳に達した日から1年の間に、その労働契約の契約期間が満了し、かつ、その労働契約が更新されないことが明らかでないことの3要件を満たす者は、事業主に申し出て育児休業を取得することができ、事業主は、そのような有期雇用労働者から育児休業取得の申出があったときは、原則として、その子が1歳に達するまでの間でその有期雇用労働者が申し出た期間について、育児休業を与えなければなりません。

(2) **介護休業（第11条及び第12条）**

　有期雇用労働者であって、①同一の事業主に引き続き1年以上雇用されていること、②介護休業開始予定日から93日を経過する日後も引き続き雇用されることが見込まれること、③②の93日を経過する日から1年の間に、その労働契約の契約期間が満了し、かつ、その労働契約が更新されないことが明らかでないことの3要件を満たす者は、事業主に申し出て介護休業を取得することができ、事業主は、そのような有期雇用労働者から介護休業取得の申出があったときは、これを与えなければなりません。

4　雇用保険法（昭和49年法律第116号）

○　雇用保険の適用（第6条）

　雇用保険は、適用事業に雇用される労働者については、短時間労働者であっても、1週間の所定労働時間が20時間以上であり、かつ、同一の事業主に継続して31日以上雇用されることが見込まれる者（パートタイム労働者は、これに該当する場合が少なくないと考えられます。）には、強制的に適用されます。

　事業主は、これらの労働者については、雇用保険の被保険者資格の取得又は喪失の届出等の手続をとらなければなりません。

5　健康保険法（大正11年法律第70号）及び厚生年金保険法（昭和29年法律第115号）

　○　健康保険及び厚生年金保険の適用

　　　健康保険及び厚生年金保険は、適用事業に雇用される短時間労働者については、①1日又は1週間の所定労働時間及び1か月の所定労働日数が通常の労働者のおおむね4分の3以上である者、及び、②1日若しくは1週間の所定労働時間又は1か月の所定労働日数が通常の労働者のおおむね4分の3未満である者で、保険者が、その者の労働日数、労働時間、就労形態、職務内容等を総合的に勘案して、常用的使用関係にあると認めた者（パートタイム労働者には、これらに該当する者もいると考えられます。）に適用されます。

　　　事業主は、これらの労働者については、健康保険及び厚生年金保険の被保険者資格の取得又は喪失の確認等の手続をとることになります。

　　　なお、平成28年10月から、従業員501人以上の企業において、①1週間の所定労働時間が20時間以上、②月額賃金が8.8万円以上（年収106万円以上）で、かつ、③勤務期間が1年以上という要件を満たす労働者（学生を除きます。）に、健康保険及び厚生年金保険が適用されることとなります。

Ⅵ 参 考 資 料

Ⅵ 参 考 資 料

1 改正後の関係法令
1 短時間労働者の雇用管理の改善等に関する法律
2 短時間労働者の雇用管理の改善等に関する法律施行規則
3 事業主が講ずべき短時間労働者の雇用管理の改善等に関する措置等
についての指針

2 国会審議関係
1 短時間労働者の雇用管理の改善等に関する法律の一部を改正する法
律案に対する附帯決議（平成26.3.26　衆議院厚生労働委員会）
2 短時間労働者の雇用管理の改善等に関する法律の一部を改正する法
律案に対する附帯決議（平成26.4.15　参議院厚生労働委員会）

3 研究会及び審議会における検討関係
1 今後のパートタイム労働対策に関する研究会報告書（概要）（平成
23.9.15）
2 今後のパートタイム労働対策について（建議）（平成24.6.21　労働
政策審議会）

4 統計資料
1 パートタイム労働の現状
2 平成19年の改正パートタイム労働法の施行を機に事業主が実施した
措置の状況
3 現在の会社や仕事に対する不満・不安

123

> 1 改正後の関係法令

① 短時間労働者の雇用管理の改善等に関する法律

平成5.6.18法律第76号

最終改正　平成26.4.23法律第27号

目次

　第1章　総則（第1条—第4条）

　第2章　短時間労働者対策基本方針（第5条）

　第3章　短時間労働者の雇用管理の改善等に関する措置等

　　第1節　雇用管理の改善等に関する措置（第6条—第18条）

　　第2節　事業主等に対する国の援助等（第19条—第21条）

　第4章　紛争の解決

　　第1節　紛争の解決の援助（第22条—第24条）

　　第2節　調停（第25条—第27条）

　第5章　雑則（第28条—第31条）

　附則

第1章　総則

（目的）

第1条　この法律は、我が国における少子高齢化の進展、就業構造の変化等の社会経済情勢の変化に伴い、短時間労働者の果たす役割の重要性が増大していることにかんがみ、短時間労働者について、その適正な労働条件の確保、雇用管理の改善、通常の労働者への転換の推進、職業能力の開発及び向上等に関する措置等を講ずることにより、通常の労働者との均衡のとれた待遇の確保等を図ることを通じて短時間労働者がその有する能力を有効に発揮することができるようにし、もってその福祉の増進を図り、あわせて経済及び社会の発展に寄与することを目的とする。

（定義）

第2条　この法律において「短時間労働者」とは、1週間の所定労働時間が同一の事業所に雇用される通常の労働者（当該事業所に雇用される通常の労働者と同種の業務に従事する当該事業所に雇用される労働者にあっては、厚生労働省令で定める場合を除き、当該労働者と同種の業務に従事する当該通常の労働者）の一週間の所定労働時間に比し短い労働者をいう。

（事業主等の責務）

第3条　事業主は、その雇用する短時間労働者について、その就業の実態等を考慮して、適正な労働条件の確保、教育訓練の実施、福利厚生の充実その他の雇用管理の改善及び通常の労働者への転換（短時間労働者が雇用される事業所において通常の労働者として雇い入れられることをいう。以下同じ。）の推進（以下「雇用管理の改善等」という。）に関する措置等を講ずることにより、通常の労働者との均衡のとれた待遇の確保等を図り、当該短時間労働者がその有する能力を有効に発揮することができるように努めるものとする。

2　事業主の団体は、その構成員である事業主の雇用する短時間労働者の雇用管理の改善等に関し、必要な助言、協力その他の援助を行うように努めるものとする。

（国及び地方公共団体の責務）

第4条　国は、短時間労働者の雇用管理の改善等について事業主その他の関係者の自主的な努力を尊重しつつその実情に応じてこれらの者に対し必要な指導、援助等を行うとともに、短時間労働者の能力の有効な発揮を妨げている諸要因の解消を図るために必要な広報その他の啓発活動を行うほか、その職業能力の開発及び向上等を図る等、短時間労働者の雇用管理の改善等の促進その他その福祉の増進を図るために必要な施策を総合的かつ効果的に推進するように努めるものとする。

2　地方公共団体は、前項の国の施策と相まって、短時間労働者の福祉の増進を図るために必要な施策を推進するように努めるものとする。

第2章　短時間労働者対策基本方針

第5条　厚生労働大臣は、短時間労働者の福祉の増進を図るため、短時間労

働者の雇用管理の改善等の促進、職業能力の開発及び向上等に関する施策の基本となるべき方針（以下この条において「短時間労働者対策基本方針」という。）を定めるものとする。

2 短時間労働者対策基本方針に定める事項は、次のとおりとする。

一 短時間労働者の職業生活の動向に関する事項

二 短時間労働者の雇用管理の改善等を促進し、並びにその職業能力の開発及び向上を図るために講じようとする施策の基本となるべき事項

三 前2号に掲げるもののほか、短時間労働者の福祉の増進を図るために講じようとする施策の基本となるべき事項

3 短時間労働者対策基本方針は、短時間労働者の労働条件、意識及び就業の実態等を考慮して定められなければならない。

4 厚生労働大臣は、短時間労働者対策基本方針を定めるに当たっては、あらかじめ、労働政策審議会の意見を聴かなければならない。

5 厚生労働大臣は、短時間労働者対策基本方針を定めたときは、遅滞なく、これを公表しなければならない。

6 前2項の規定は、短時間労働者対策基本方針の変更について準用する。

第3章　短時間労働者の雇用管理の改善等に関する措置等

第1節　雇用管理の改善等に関する措置

（労働条件に関する文書の交付等）

第6条　事業主は、短時間労働者を雇い入れたときは、速やかに、当該短時間労働者に対して、労働条件に関する事項のうち労働基準法（昭和22年法律第49号）第15条第1項に規定する厚生労働省令で定める事項以外のものであって厚生労働省令で定めるもの（次項及び第14条第1項において「特定事項」という。）を文書の交付その他厚生労働省令で定める方法（次項において「文書の交付等」という。）により明示しなければならない。

2 事業主は、前項の規定に基づき特定事項を明示するときは、労働条件に関する事項のうち特定事項及び労働基準法第15条第1項に規定する厚生労

働省令で定める事項以外のものについても、文書の交付等により明示するように努めるものとする。

（就業規則の作成の手続）

第7条　事業主は、短時間労働者に係る事項について就業規則を作成し、又は変更しようとするときは、当該事業所において雇用する短時間労働者の過半数を代表すると認められるものの意見を聴くように努めるものとする。

（短時間労働者の待遇の原則）

第8条　事業主が、その雇用する短時間労働者の待遇を、当該事業所に雇用される通常の労働者の待遇と相違するものとする場合においては、当該待遇の相違は、当該短時間労働者及び通常の労働者の業務の内容及び当該業務に伴う責任の程度（以下「職務の内容」という。）、当該職務の内容及び配置の変更の範囲その他の事情を考慮して、不合理と認められるものであってはならない。

（通常の労働者と同視すべき短時間労働者に対する差別的取扱いの禁止）

第9条　事業主は、職務の内容が当該事業所に雇用される通常の労働者と同一の短時間労働者（第11条第1項において「職務内容同一短時間労働者」という。）であって、当該事業所における慣行その他の事情からみて、当該事業主との雇用関係が終了するまでの全期間において、その職務の内容及び配置が当該通常の労働者の職務の内容及び配置の変更の範囲と同一の範囲で変更されると見込まれるもの（次条及び同項において「通常の労働者と同視すべき短時間労働者」という。）については、短時間労働者であることを理由として、賃金の決定、教育訓練の実施、福利厚生施設の利用その他の待遇について、差別的取扱いをしてはならない。

（賃金）

第10条　事業主は、通常の労働者との均衡を考慮しつつ、その雇用する短時間労働者（通常の労働者と同視すべき短時間労働者を除く。次条第2項及び第12条において同じ。）の職務の内容、職務の成果、意欲、能力又は経験等を勘案し、その賃金（通勤手当、退職手当その他の厚生労働省令で定めるものを除く。）を決定するように努めるものとする。

（教育訓練）

第11条　事業主は、通常の労働者に対して実施する教育訓練であって、当

該通常の労働者が従事する職務の遂行に必要な能力を付与するためのものについては、職務内容同一短時間労働者（通常の労働者と同視すべき短時間労働者を除く。以下この項において同じ。）が既に当該職務に必要な能力を有している場合その他の厚生労働省令で定める場合を除き、職務内容同一短時間労働者に対しても、これを実施しなければならない。

2　事業主は、前項に定めるもののほか、通常の労働者との均衡を考慮しつつ、その雇用する短時間労働者の職務の内容、職務の成果、意欲、能力及び経験等に応じ、当該短時間労働者に対して教育訓練を実施するように努めるものとする。

（福利厚生施設）

第12条　事業主は、通常の労働者に対して利用の機会を与える福利厚生施設であって、健康の保持又は業務の円滑な遂行に資するものとして厚生労働省令で定めるものについては、その雇用する短時間労働者に対しても、利用の機会を与えるように配慮しなければならない。

（通常の労働者への転換）

第13条　事業主は、通常の労働者への転換を推進するため、その雇用する短時間労働者について、次の各号のいずれかの措置を講じなければならない。

一　通常の労働者の募集を行う場合において、当該募集に係る事業所に掲示すること等により、その者が従事すべき業務の内容、賃金、労働時間その他の当該募集に係る事項を当該事業所において雇用する短時間労働者に周知すること。

二　通常の労働者の配置を新たに行う場合において、当該配置の希望を申し出る機会を当該配置に係る事業所において雇用する短時間労働者に対して与えること。

三　一定の資格を有する短時間労働者を対象とした通常の労働者への転換のための試験制度を設けることその他の通常の労働者への転換を推進するための措置を講ずること。

（事業主が講ずる措置の内容等の説明）

第14条　事業主は、短時間労働者を雇い入れたときは、速やかに、第9条から前条までの規定により措置を講ずべきこととされている事項（労働基

準法第15条第１項に規定する厚生労働省令で定める事項及び特定事項を除く。）に関し講ずることとしている措置の内容について、当該短時間労働者に説明しなければならない。

2　事業主は、その雇用する短時間労働者から求めがあったときは、第６条、第７条及び第９条から前条までの規定により措置を講ずべきこととされている事項に関する決定をするに当たって考慮した事項について、当該短時間労働者に説明しなければならない。

（指針）

第15条　厚生労働大臣は、第６条から前条までに定めるもののほか、第３条第１項の事業主が講ずべき雇用管理の改善等に関する措置等に関し、その適切かつ有効な実施を図るために必要な指針（以下この節において「指針」という。）を定めるものとする。

2　第５条第３項から第５項までの規定は指針の策定について、同条第４項及び第５項の規定は指針の変更について準用する。

（相談のための体制の整備）

第16条　事業主は、短時間労働者の雇用管理の改善等に関する事項に関し、その雇用する短時間労働者からの相談に応じ、適切に対応するために必要な体制を整備しなければならない。

（短時間雇用管理者）

第17条　事業主は、常時厚生労働省令で定める数以上の短時間労働者を雇用する事業所ごとに、厚生労働省令で定めるところにより、指針に定める事項その他の短時間労働者の雇用管理の改善等に関する事項を管理させるため、短時間雇用管理者を選任するように努めるものとする。

（報告の徴収並びに助言、指導及び勧告等）

第18条　厚生労働大臣は、短時間労働者の雇用管理の改善等を図るため必要があると認めるときは、短時間労働者を雇用する事業主に対して、報告を求め、又は助言、指導若しくは勧告をすることができる。

2　厚生労働大臣は、第６条第１項、第９条、第11条第１項、第12条から第14条まで及び第16条の規定に違反している事業主に対し、前項の規定による勧告をした場合において、その勧告を受けた者がこれに従わなかったときは、その旨を公表することができる。

3 前2項に定める厚生労働大臣の権限は、厚生労働省令で定めるところにより、その一部を都道府県労働局長に委任することができる。

第2節 事業主等に対する国の援助等

（事業主等に対する援助）

第19条 国は、短時間労働者の雇用管理の改善等の促進その他その福祉の増進を図るため、短時間労働者を雇用する事業主、事業主の団体その他の関係者に対して、短時間労働者の雇用管理の改善等に関する事項についての相談及び助言その他の必要な援助を行うことができる。

（職業訓練の実施等）

第20条 国、都道府県及び独立行政法人高齢・障害・求職者雇用支援機構は、短時間労働者及び短時間労働者になろうとする者がその職業能力の開発及び向上を図ることを促進するため、短時間労働者、短時間労働者になろうとする者その他関係者に対して職業能力の開発及び向上に関する啓発活動を行うように努めるとともに、職業訓練の実施について特別の配慮をするものとする。

（職業紹介の充実等）

第21条 国は、短時間労働者になろうとする者がその適性、能力、経験、技能の程度等にふさわしい職業を選択し、及び職業に適応することを容易にするため、雇用情報の提供、職業指導及び職業紹介の充実等必要な措置を講ずるように努めるものとする。

第4章 紛争の解決

第1節 紛争の解決の援助

（苦情の自主的解決）

第22条 事業主は、第6条第1項、第9条、第11条第1項及び第12条から第14条までに定める事項に関し、短時間労働者から苦情の申出を受けたときは、苦情処理機関（事業主を代表する者及び当該事業所の労働者を代表する者を構成員とする当該事業所の労働者の苦情を処理するための機関を

いう。）に対し当該苦情の処理を委ねる等その自主的な解決を図るように努めるものとする。

（紛争の解決の促進に関する特例）

第23条 前条の事項についての短時間労働者と事業主との間の紛争については、個別労働関係紛争の解決の促進に関する法律（平成13年法律第112号）第4条、第5条及び第12条から第19条までの規定は適用せず、次条から第27条までに定めるところによる。

（紛争の解決の援助）

第24条 都道府県労働局長は、前条に規定する紛争に関し、当該紛争の当事者の双方又は一方からその解決につき援助を求められた場合には、当該紛争の当事者に対し、必要な助言、指導又は勧告をすることができる。

2 事業主は、短時間労働者が前項の援助を求めたことを理由として、当該短時間労働者に対して解雇その他不利益な取扱いをしてはならない。

第2節 調停

（調停の委任）

第25条 都道府県労働局長は、第23条に規定する紛争について、当該紛争の当事者の双方又は一方から調停の申請があった場合において当該紛争の解決のために必要があると認めるときは、個別労働関係紛争の解決の促進に関する法律第6条第1項の紛争調整委員会に調停を行わせるものとする。

2 前条第2項の規定は、短時間労働者が前項の申請をした場合について準用する。

（調停）

第26条 雇用の分野における男女の均等な機会及び待遇の確保等に関する法律（昭和47年法律第113号）第19条、第20条第1項及び第21条から第26条までの規定は、前条第1項の調停の手続について準用する。この場合において、同法第19条第1項中「前条第1項」とあるのは「短時間労働者の雇用管理の改善等に関する法律第25条第1項」と、同法第20条第1項中「関係当事者」とあるのは「関係当事者又は関係当事者と同一の事業所に雇用される労働者その他の参考人」と、同法第25条第1項中「第18条第1項」とあるのは「短時間労働者の雇用管理の改善等に関する法律第25条第1項」

と読み替えるものとする。

（厚生労働省令への委任）

第27条　この節に定めるもののほか、調停の手続に関し必要な事項は、厚生労働省令で定める。

第5章　雑則

（雇用管理の改善等の研究等）

第28条　厚生労働大臣は、短時間労働者がその有する能力を有効に発揮することができるようにするため、短時間労働者のその職域の拡大に応じた雇用管理の改善等に関する措置その他短時間労働者の雇用管理の改善等に関し必要な事項について、調査、研究及び資料の整備に努めるものとする。

（適用除外）

第29条　この法律は、国家公務員及び地方公務員並びに船員職業安定法（昭和23年法律第130号）第6条第1項に規定する船員については、適用しない。

（過料）

第30条　第18条第1項の規定による報告をせず、又は虚偽の報告をした者は、20万円以下の過料に処する。

第31条　第6条第1項の規定に違反した者は、10万円以下の過料に処する。

附　則（抄）

（施行期日）

第1条　この法律は、公布の日から起算して6月を超えない範囲内において政令で定める日＜編注・平成5.11.17政令第366号により平成5.12.1＞から施行する。ただし、第4章の規定及び第33条から第35条までの規定並びに附則第3条の規定及び附則第4条の規定（労働省設置法（昭和24年法律第162号）第4条第3号の改正規定及び同法第5条第4号の次に1号を加える改正規定に限る。）は、平成6年4月1日から施行する。

（検討）

第2条　政府は、この法律の施行後3年を経過した場合において、この法律

Ⅵ　参　考　資　料

の規定の施行の状況を勘案し、必要があると認めるときは、この法律の規定について検討を加え、その結果に基づいて必要な措置を講ずるものとする。

　　　附　則（平成26.4.23法律第27号）（抄）

（施行期日）
第１条　この法律は、公布の日から起算して１年を超えない範囲内において政令で定める日＜編注・平成26.7.9政令第253号により平成27.4.1＞から施行する。ただし、附則第４条の規定は、公布の日から施行する。
（紛争の解決の促進に関する特例に関する経過措置）
第２条　この法律の施行の際現に個別労働関係紛争の解決の促進に関する法律（平成13年法律第112号）第６条第１項の紛争調整委員会に係属している同法第５条第１項のあっせんに係る紛争については、この法律による改正後の短時間労働者の雇用管理の改善等に関する法律第23条の規定にかかわらず、なお従前の例による。
（罰則に関する経過措置）
第３条　この法律の施行前にした行為に対する罰則の適用については、なお従前の例による。
（政令への委任）
第４条　前２条に定めるもののほか、この法律の施行に関し必要な経過措置は、政令で定める。
（検討）
第５条　政府は、この法律の施行後５年を経過した場合において、この法律による改正後の短時間労働者の雇用管理の改善等に関する法律の規定の施行の状況を勘案し、必要があると認めるときは、当該規定について検討を加え、その結果に基づいて必要な措置を講ずるものとする。

133

② 短時間労働者の雇用管理の改善等に関する法律施行規則

平成5.11.19労働省令第34号

最終改正　平成26.7.24厚生労働省令第85号

（法第２条の厚生労働省令で定める場合）

第１条　短時間労働者の雇用管理の改善等に関する法律（以下「法」という。）第２条の厚生労働省令で定める場合は、同一の事業所に雇用される通常の労働者の従事する業務が２以上あり、かつ、当該事業所に雇用される通常の労働者と同種の業務に従事する労働者の数が当該通常の労働者の数に比し著しく多い業務（当該業務に従事する通常の労働者の１週間の所定労働時間が他の業務に従事する通常の労働者の１週間の所定労働時間のいずれよりも長い場合に係る業務を除く。）に当該事業所に雇用される労働者が従事する場合とする。

（法第６条第１項の明示事項及び明示の方法）

第２条　法第６条第１項の厚生労働省令で定める短時間労働者に対して明示しなければならない労働条件に関する事項は、次に掲げるものとする。

　一　昇給の有無

　二　退職手当の有無

　三　賞与の有無

　四　短時間労働者の雇用管理の改善等に関する事項に係る相談窓口

２　法第６条第１項の厚生労働省令で定める方法は、前項各号に掲げる事項が明らかとなる次のいずれかの方法によることを当該短時間労働者が希望した場合における当該方法とする。

　一　ファクシミリを利用してする送信の方法

　二　電子メールの送信の方法（当該短時間労働者が当該電子メールの記録を出力することによる書面を作成することができるものに限る。）

３　前項第１号の方法により行われた法第６条第１項に規定する特定事項（以下本項において「特定事項」という。）の明示は、当該短時間労働者の使用に係るファクシミリ装置により受信した時に、前項第２号の方法により

Ⅵ　参考資料

　行われた特定事項の明示は、当該短時間労働者の使用に係る通信端末機器
により受信した時に、それぞれ当該短時間労働者に到達したものとみなす。

（法第10条の厚生労働省令で定める賃金）

第3条　法第10条の厚生労働省令で定める賃金は、次に掲げるものとする。

　一　通勤手当（職務の内容（法第8条に規定する職務の内容をいう。以下
　　同じ。）に密接に関連して支払われるものを除く。）

　二　退職手当

　三　家族手当

　四　住宅手当

　五　別居手当

　六　子女教育手当

　七　前各号に掲げるもののほか、名称の如何を問わず支払われる賃金のう
　　ち職務の内容に密接に関連して支払われるもの以外のもの

（法第11条第1項の厚生労働省令で定める場合）

第4条　法第11条第1項の厚生労働省令で定める場合は、職務の内容が当該
　事業所に雇用される通常の労働者と同一の短時間労働者（法第9条に規定
　する通常の労働者と同視すべき短時間労働者を除く。）が既に当該職務に
　必要な能力を有している場合とする。

（法第12条の厚生労働省令で定める福利厚生施設）

第5条　法第12条の厚生労働省令で定める福利厚生施設は、次に掲げるもの
　とする。

　一　給食施設

　二　休憩室

　三　更衣室

（法第17条の厚生労働省令で定める数）

第6条　法第17条の厚生労働省令で定める数は、10人とする。

（短時間雇用管理者の選任）

第7条　事業主は、法第17条に定める事項を管理するために必要な知識及び
　経験を有していると認められる者のうちから当該事項を管理する者を短時
　間雇用管理者として選任するものとする。

（権限の委任）

135

第8条　法第18条第1項に規定する厚生労働大臣の権限は、厚生労働大臣が全国的に重要であると認めた事案に係るものを除き、事業主の事業所の所在地を管轄する都道府県労働局の長が行うものとする。

（準用）

第9条　雇用の分野における男女の均等な機会及び待遇の確保等に関する法律施行規則（昭和61年労働省令第2号）第3条から第12条までの規定は、法第25条第1項の調停の手続について準用する。この場合において、同令第3条第1項中「法第18条第1項」とあるのは「短時間労働者の雇用管理の改善等に関する法律（以下「短時間労働者法」という。）第25条第1項」と、同項並びに同令第4条（見出しを含む。）、第5条（見出しを含む。）及び第8条第1項中「機会均等調停会議」とあるのは「均衡待遇調停会議」と、同令第6条中「法第18条第1項」とあるのは「短時間労働者法第25条第1項」と、「事業場」とあるのは「事業所」と、同令第8条第1項及び第3項中「法第20条第1項又は第2項」とあるのは「短時間労働者法第26条において準用する法第20条第1項」と、同項中「法第20条第1項の」とあるのは「短時間労働者法第26条において準用する法第20条第1項の」と、同令第9条中「関係当事者」とあるのは「関係当事者又は関係当事者と同一の事業所に雇用される労働者その他の参考人」と、同令第10条第1項中「第4条第1項及び第2項」とあるのは「短時間労働者の雇用管理の改善等に関する法律施行規則第9条において準用する第4条第1項及び第2項」と、「第8条」とあるのは「同令第9条において準用する第8条」と、同令第11条第1項中「法第21条」とあるのは「短時間労働者法第26条において準用する法第21条」と、同令別記様式中「労働者」とあるのは「短時間労働者」と、「事業場」とあるのは「事業所」と読み替えるものとする。

　　附　則

この省令は、法の施行の日（平成5年12月1日）から施行する。

　　附　則（平成26.7.24厚生労働省令第85号）　（抄）

（施行期日）

1　この省令は、短時間労働者の雇用管理の改善等に関する法律の一部を改正する法律の施行の日（平成27年4月1日）から施行する。

Ⅵ 参 考 資 料

③ 事業主が講ずべき短時間労働者の雇用管理の改善等に関する措置等についての指針

平成19.10.1厚生労働省告示第326号

最終改正　平成26.7.24厚生労働省告示第293号

第1　趣旨

　この指針は、短時間労働者の雇用管理の改善等に関する法律（以下「短時間労働者法」という。）第3条第1項の事業主が講ずべき適正な労働条件の確保、教育訓練の実施、福利厚生の充実その他の雇用管理の改善及び通常の労働者への転換の推進（以下「雇用管理の改善等」という。）に関する措置等に関し、その適切かつ有効な実施を図るため、短時間労働者法第6条から第14条までに定めるもののほかに必要な事項を定めたものである。

第2　事業主が講ずべき短時間労働者の雇用管理の改善等に関する措置等を講ずるに当たっての基本的考え方

　事業主は、短時間労働者の雇用管理の改善等に関する措置等を講ずるに当たって、次の事項を踏まえるべきである。

1　労働基準法（昭和22年法律第49号）、最低賃金法（昭和34年法律第137号）、労働安全衛生法（昭和47年法律第57号）、労働契約法（平成19年法律第128号）、雇用の分野における男女の均等な機会及び待遇の確保等に関する法律（昭和47年法律第113号）、育児休業、介護休業等育児又は家族介護を行う労働者の福祉に関する法律（平成3年法律第76号）、労働者災害補償保険法（昭和22年法律第50号）、雇用保険法（昭和49年法律第116号）等の労働に関する法令は短時間労働者についても適用があることを認識しこれを遵守しなければならないこと。

2　短時間労働者法第6条から第14条までの規定に従い、短時間労働者の雇用管理の改善等に関する措置等を講ずるとともに、多様な就業実態を踏まえ、その職務の内容、職務の成果、意欲、能力及び経験等に応じた待遇に係る措置を講ずるように努めるものとすること。

3　短時間労働者の雇用管理の改善等に関する措置等を講ずるに際して、

137

その雇用する通常の労働者その他の労働者の労働条件を合理的な理由な
く一方的に不利益に変更することは法的に許されないこと、また、所定
労働時間が通常の労働者と同一の有期契約労働者については、短時間労
働者法第2条に規定する短時間労働者に該当しないが、短時間労働者法
の趣旨が考慮されるべきであることに留意すること。

第3 事業主が講ずべき短時間労働者の雇用管理の改善等に関する措置等

事業主は、第2の基本的考え方に基づき、特に、次の事項について適切
な措置を講ずるべきである。

1 短時間労働者の雇用管理の改善等

(1) 労働時間

イ　事業主は、短時間労働者の労働時間及び労働日を定め、又は変更
するに当たっては、当該短時間労働者の事情を十分考慮するように
努めるものとする。

ロ　事業主は、短時間労働者について、できるだけ所定労働時間を超
えて、又は所定労働日以外の日に労働させないように努めるものと
する。

(2) 退職手当その他の手当

事業主は、短時間労働者法第9条及び第10条に定めるもののほか、
短時間労働者の退職手当、通勤手当その他の職務の内容に密接に関連
して支払われるもの以外の手当についても、その就業の実態、通常の
労働者との均衡等を考慮して定めるように努めるものとする。

(3) 福利厚生

事業主は、短時間労働者法第9条及び第12条に定めるもののほか、
医療、教養、文化、体育、レクリエーション等を目的とした福利厚生
施設の利用及び事業主が行うその他の福利厚生の措置についても、短
時間労働者の就業の実態、通常の労働者との均衡等を考慮した取扱い
をするように努めるものとする。

2 労使の話合いの促進

(1) 事業主は、短時間労働者を雇い入れた後、当該短時間労働者から求
めがあったときは、短時間労働者法第14条第2項に定める事項以外の、
当該短時間労働者の待遇に係る事項についても、説明するように努め

るものとする。

(2) 事業主は、短時間労働者の就業の実態、通常の労働者との均衡等を考慮して雇用管理の改善等に関する措置等を講ずるに当たっては、当該事業所における関係労使の十分な話合いの機会を提供する等短時間労働者の意見を聴く機会を設けるための適当な方法を工夫するように努めるものとする。

(3) 事業主は、短時間労働者法第22条に定める事項以外の、短時間労働者の就業の実態、通常の労働者との均衡等を考慮した待遇に係る事項についても、短時間労働者から苦情の申出を受けたときは、当該事業所における苦情処理の仕組みを活用する等その自主的な解決を図るように努めるものとする。

3 不利益取扱いの禁止

(1) 事業主は、短時間労働者が、短時間労働者法第7条に定める過半数代表者であること若しくは過半数代表者になろうとしたこと又は過半数代表者として正当な行為をしたことを理由として不利益な取扱いをしないようにするものとする。

(2) 事業主は、短時間労働者が、短時間労働者法第14条第2項に定める待遇の決定に当たって考慮した事項の説明を求めたことを理由として不利益な取扱いをしてはならない。また、短時間労働者が、不利益な取扱いをおそれて、短時間労働者法第14条第2項に定める説明を求めることができないことがないようにするものであること。

(3) 短時間労働者が、親族の葬儀等のために勤務しなかったことを理由として解雇等が行われることは適当でないものであること。

4 短時間雇用管理者の氏名の周知

事業主は、短時間雇用管理者を選任したときは、当該短時間雇用管理者の氏名を事業所の見やすい場所に掲示する等により、その雇用する短時間労働者に周知させるよう努めるものとする。

2 国会審議関係

1 短時間労働者の雇用管理の改善等に関する法律の一部を改正する法律案に対する附帯決議

平成26.3.26 衆議院厚生労働委員会

　政府は、本法の施行に当たり、次の事項について適切な措置を講ずるべきである。

一　通勤手当に関し、短時間労働者であることを理由に通常の労働者との間の待遇に相違が生じる場合には、第8条及び関連法制の動向を踏まえ、職務の内容、当該職務の内容及び配置の変更の範囲その他の事情を考慮して、不合理なものとならないよう必要な措置を講ずること。

二　短時間労働者の約7割を占める女性の活躍を推進するため、男女雇用機会均等法についても、女性が活躍しやすい環境をつくっていく方向で引き続き改善を検討すること。

三　いわゆる無期フルタイムパートについては、労働契約法による無期転換の状況等を踏まえ、必要に応じた検討を行うこと。

四　待遇等の説明を求めたことに対する不利益取扱いの禁止については、労働政策審議会の建議の趣旨を十分に踏まえ、事業主への指導を強化する措置を講ずること。

五　第8条につき、どのような場合に不合理と認められるかについて裁判例の動向を踏まえて適切な周知を行うこと。

六　公務の臨時・非常勤職員の任用に当たっては、本法の趣旨を踏まえた対応がなされるよう、必要な助言や情報の提供等を行うこと。

七　税制上の配偶者控除や被用者保険の被扶養基準や適用基準等との関係で短時間労働者の就業調整が広く行われている状況に鑑み、働き方に中立的な税・社会保険制度の構築について検討を行うこと。

Ⅵ　参　考　資　料

2　短時間労働者の雇用管理の改善等に関する法律の一部を改正する法律案に対する附帯決議

平成26.4.15　参議院厚生労働委員会

　政府は、本法の施行に当たり、次の事項について適切な措置を講ずるべきである。

一、差別的取扱いが禁止される通常の労働者と同視すべき短時間労働者については、多様な短時間労働者の就業実態を考慮して、引き続き、その範囲の拡大について検討を行い、必要な見直しを行うこと。

二、通勤手当に関し、短時間労働者であることを理由に通常の労働者との間の待遇に相違が生じる場合には、第8条及び関連法制の動向を踏まえ、職務の内容、当該職務の内容及び配置の変更の範囲その他の事情を考慮して、不合理なものとならないよう必要な措置を講ずること。

三、短時間労働者の約7割を占める女性の活躍を推進するとともに、女性が活躍しやすい環境を創っていくために男女雇用機会均等法など必要な法改正を含めた具体的な改善策を検討すること。

四、通常の労働者以外のフルタイム無期契約労働者については、労働契約法による無期転換の状況等を踏まえ、適切な保護が図られるよう必要な措置を検討すること。

五、待遇等の説明を求めたことに対する不利益取扱いの禁止については、労働政策審議会の建議の趣旨を十分に踏まえ、事業主への指導を強化する措置を講ずること。

六、第8条につき、どのような場合に不合理と認められるかについて裁判例の動向を踏まえて適切な周知を行うこと。

七、公務の臨時・非常勤職員の任用に当たっては、本法の趣旨を踏まえた対応がなされるよう、必要な助言や情報の提供等を行うこと。

八、税制、社会保険制度との関係で短時間労働者の就業調整が広く行われている状況に鑑み、働き方に中立的な税制、社会保険制度の構築について検討を行うこと。

九、均等待遇の原則を社会的に確立することが国際的な流れであることに鑑

141

み、1994年に採択された「パートタイム労働に関する条約（ILO第175号条約）」の批准に向けて、我が国における短時間労働法制の見直しを進めるなど、精力的に努力すること。

Ⅵ　参　考　資　料

3　研究会及び審議会における検討関係

①　今後のパートタイム労働対策に関する研究会報告書（概要）

平成23.9.15

第1　総論

1　パートタイム労働をめぐる現状

(1)　パートタイム労働の現状

(2)　パートタイム労働法の施行状況

　　①　（独）労働政策研究・研修機構「短時間労働者実態調査」結果

　　②　都道府県労働局雇用均等室による指導状況等

(3)　諸外国のパートタイム労働法制

　　①　1997年EUパートタイム労働指令

　　②　EU諸国のパートタイム労働法制

2　検討に当たっての基本的考え方

(1)　**パートタイム労働者の公正な待遇の確保**

　　パートタイム労働者は増加する一方、通常の労働者との間に待遇の格差が生じているが、両者の間で、職務、働き方や待遇の決定方法が異なることが一つの理由と考えられる。

　　このような日本の雇用システムの特徴を踏まえながらも、パートタイム労働者についても働き・貢献に見合った公正な待遇を実現するため、平成20年4月から改正パートタイム労働法が施行されている。しかしながら、通常の労働者とパートタイム労働者の間に依然として待遇の格差が存在する中で、パートタイム労働者も含めて労働者の働き・貢献に見合った公正な待遇をより一層確保していくことは、社会の公正という観点から、極めて重要である。

(2)　**パートタイム労働者が能力を発揮する社会**

　　人口減少社会を迎えようとしており、今後、ますます労働力供給が制約される日本では、「全員参加型社会」の実現に向け、若者、女性、高

143

齢者、障害者をはじめ就労を希望する者の支援を進めることが重要な課題となっている。

　一方、短時間労働は、様々な事情により就業時間に制約のある者が従事しやすい働き方として、また、ワーク・ライフ・バランスを実現しやすい働き方として、位置付けることができる。したがって、パートタイム労働者が能力を十分に発揮できるような条件を整備しつつ、その積極的な活用をしていくことは、女性や高齢者の就業拡大にもつながることが期待される。その条件整備として、パートタイム労働者の均衡待遇の確保を一層促進していくとともに、均等待遇を目指していくことが必要である。

(3)　パートタイム労働者の多様な就業実態や企業の雇用管理制度等を踏まえた対応

　今後のパートタイム労働対策の在り方については、パートタイム労働者や通常の労働者の多様な就業実態や、企業の雇用管理の多様な実態を踏まえ、きめ細かく対応できる方策を検討する必要がある。

3　パートタイム労働の課題

(1)　通常の労働者との間の待遇の異同

① 差別的取扱いの禁止（第8条）

　3要件に該当するパートタイム労働者は、実態調査によると、調査対象パートタイム労働者の0.1%となっているが、今後、第8条の規定を活用してパートタイム労働者の雇用管理の改善を進める余地は小さい状況となっている。

　日本の雇用慣行の下、3要件がパートタイム労働者の均等待遇の確保を図る手段として合理性を有しているか、単に企業のネガティブ・チェックリストとして機能しているのではないか、また、あらゆる待遇につき一律に3要件が不可欠となるのかなどの点を含め、その在り方について検討する必要があると考えられる。

② 均衡待遇の確保（第9条）

　賃金に対する不満・不安を持つパートタイム労働者も多く、パートタイム労働者の待遇改善に対するニーズは高いと考えられ、同時に、都道府県労働局雇用均等室による是正指導も一定程度実施しているこ

とから、より一層の待遇改善を推進する方策について検討する必要が
あると考えられる。

(2) 待遇に関する納得性の向上（第13条）

　パートタイム労働者が、事業主に対し説明を求める潜在的なニーズは
一定程度あると考えられるが、実際には、事業主に説明を求めることが
必ずしも容易でない状況がうかがえる。

　このため、「パートタイム労働者からの求め」という要件が必要であ
るかどうかも含めて、パートタイム労働者の納得性をより一層向上させ
る方策を検討する必要があると考えられる。

(3) 教育訓練（第10条）

　パートタイム労働者が従事する職務に必要な導入訓練は、事業所で一
定程度実施されている一方、キャリア形成のための教育訓練については、
必ずしも十分に行われていない。このため、教育訓練を通じてパートタ
イム労働者のキャリア形成を促進していくための方策を検討する必要が
あると考えられる。

(4) 通常の労働者への転換の推進（第12条）

　通常の労働者への転換推進措置を実施している事業所は約半数となっ
ていること等から、その更なる推進が必要であると考えられるとともに、
雇用の安定を志向する一方で、様々な事情により、勤務時間や日数が柔
軟な働き方を自ら選択しているパートタイム労働者のニーズに応える方
策があるかどうかについて検討する必要があると考えられる。

(5) パートタイム労働法の実効性の確保（第16条、第21・22条）

　パートタイム労働法の実効性をより一層確保するため、紛争解決援助
の在り方等について検討する必要がある。

(6) その他（税制、社会保険制度等関連制度）

　就業調整を行っているパートタイム労働者は４人に１人いるが、就業
調整は、パートタイム労働者の職業能力の発揮や待遇の改善を阻害して
いると考えられる。

4　留意事項

(1) 有期労働契約の在り方の検討との整合性確保

(2) 比較法の視点に基づく検討

(3) 社会保障・税一体改革成案及び第3次男女共同参画基本計画

(4) 東日本大震災が企業に与える影響

第2　今後のパートタイム労働対策

　第2では、第1でみてきた事項に留意しつつ、パートタイム労働者の雇用管理の改善等をより一層進めるために考えられる選択肢を整理することとする。

　選択肢については、当面の課題として措置すべきもの、中長期的な課題とすべきもの、法律による対応が必要なもの、ガイドライン等の実行上の対応により可能となるものがあると同時に、各選択肢が並立し得るもの、しないものがあり、その組合せは非常に多岐にわたるものと考えられる。

　しかし、以下では、このような措置すべき時点や手法、また、相互関係にとらわれず、考えられる選択肢を幅広く整理することとする。

1　通常の労働者との間の待遇の異同

(1)　均等待遇の確保

① 3要件の在り方とパートタイム労働者であることを理由とする合理的な理由のない不利益取扱いの禁止

○ パートタイム労働法第8条の3要件の在り方については、「職務の内容が同一であること」の要件のみでよいのではないかという意見、「人材活用の仕組み・運用等が同一であること」との要件のみでよいのではないかという意見、賃金制度の違いを考慮せず、すべての事業主に対し、一律に3要件を適用していることが問題ではないかとの意見もあった。

さらに、今後のパートタイム労働法の見直しに当たり、第8条の規定を活用したパートタイム労働者の雇用管理の改善の実効を上げていくためには、その適用範囲を広げていくことを検討すべきであり、その際には、第8条の3要件が、企業のネガティブ・チェックリストとして機能しているのではないかとの懸念及び事業所における賃金制度が多様であることに対応する観点から、事業主はパートタイム労働者であることを理由として、合理的な理由なく不利益な取扱いをしてはならないとする法制を採ることが適当ではないかと

146

の意見もあった。

○　この点に関し、労使双方にとり予測可能性を確保するために、「合理的な理由」の考慮要素となり得るものについて、一定の例をガイドラインで示すこととし、行政指導等による履行確保の際に利用するとともに、司法手続で参考とされることを期待することが適当ではないかとの意見もあった。

この場合に、EU諸国において、「合理的な理由」として、雇用形態に係る不利益取扱い禁止原則においては、勤続年数、学歴、資格、職業格付け等、「同一（価値）労働同一賃金原則」においては、労働時間や就業場所の変更にどれだけ対応できるかという点やキャリアコースなどが考慮されていることを踏まえると、日本の雇用システムでの「合理的な理由」の考慮要素の例としても、諸外国の例を参考に、幅広く考えられるのではないかとの意見があった。

② フルタイム有期契約労働者

○　この他、パートタイム労働法第8条の限られた適用範囲を広げていくとの観点から、パートタイム労働法の施行状況をみると、パートタイム労働法が適用されないフルタイム有期契約労働者に関する相談が一定件数挙がっていることが注目される。

このため、パートタイム労働者と同様に雇用管理の改善が必要であるフルタイム有期契約労働者について、実質的に期間の定めがないとみられるものを含め、パートタイム労働法の適用対象の拡大の可否という視点から検討することが重要であると考えられ、有期労働契約の在り方に関する議論を見極めつつ、検討する必要があると考えられる。

(2)　**均等待遇の対象とならないパートタイム労働者の待遇改善**

○　賃金制度や雇用管理の取組は、個々の事業所ごとに多様であることから、待遇改善の在り方について、法律等で一律の基準を設けることには限界があるため、パートタイム労働者の待遇を一層改善するためには、個々の事業所ごとに、雇用管理の取組やパートタイム労働者のニーズ等の実情に応じて、事業主が、自主的にパートタイム労働者の雇用管理の改善等を計画的に進めること（いわば積極的改善措置の取

組）が重要であるとの意見があった。

　この場合に、例えば、次世代育成支援対策推進法の枠組みを参考にし、行動計画の具体的な内容としては、パートタイム労働者の賃金水準の改善、パートタイム労働者の賃金制度の見直し、パートタイム労働者に対する教育訓練の実施、通常の労働者への転換の推進等、個々の事業所の実情に応じた幅広いものを認めることが考えられる。

　また、次世代育成支援対策推進法に基づく一般事業主行動計画を策定し、一定の基準を満たしたとの認定を受けた事業主に対する雇用促進税制が本年度導入されたことを踏まえ、パートタイム労働者の雇用管理の改善等のための行動計画を策定した事業主に対し、一定のインセンティブを付与し取組を促進することが適当であると考えられる。

(3) 職務評価

○　職務分析・職務評価の専門家に対するヒアリングの中で、職務評価を実施することにより、通常の労働者とパートタイム労働者のそれぞれの職務評価点が明らかになり、職務評価点に見合った賃金を計算することができ、その差に応じた賃金を支払うことができるとの見解が示された。ただし、職務評価は、単一の賃金体系を企業に要請するものではなく、また、企業にとっての職務の序列を決めるものであり、職務評価点に比例して賃金の水準を一律に決めるというものではない。

　ヒアリングの中で、そもそも賃金体系は、職務給、職能給、成果給、属人給等の組合せになっており、職務評価の結果は賃金のすべてを決定するものではないとの意見があった一方で、職務評価のプロセスを企業内で明示することにより、使用者の重視する価値を労使で共有することを契機に、待遇についての議論が進むことが期待されるとの意見もあった。

○　職務評価の特性等を踏まえると、中小規模の企業を含めた事業主に広範に職務分析・職務評価を義務付けることは困難であり、むしろ、事業主が、その雇用管理の在り方やパートタイム労働者のニーズ等の実情に合わせて、職務評価制度を導入し、労使間で職務評価のプロセス及び結果を共有し、これを踏まえ通常の労働者とパートタイム労働者との間の待遇について議論を進めることを促していくことが一つの

方向性として考えられる。

このため、事業主が定めるパートタイム労働者の雇用管理の改善等のための行動計画で、職務評価を具体的な取組のメニューの一つとして位置付けることが考えられる。

また、現在、厚生労働省において作成している職務分析・職務評価実施マニュアルについては、より複雑な要素別点数法に基づくマニュアルを作成して事業主に提供することにより、そのニーズに応じた活用を促していく必要があると考えられる。

2 待遇に関する納得性の向上

○ パートタイム労働者が説明を求め易くする方策を考えると、現行の規定に加えて、例えば、現在、パートタイム労働指針において規定されている、パートタイム労働者が、事業主に対し、待遇の決定に当たって考慮した事項の説明を求めたことを理由とする不利益取扱いの禁止を法律に規定することが考えられる。

○ 一方、パートタイム労働者からの求めにかかわらず、パートタイム労働者に対し、待遇の決定に当たって考慮した事項について説明することを、事業主に義務付けることも考えられる。しかしながら、これに関しては、一律の規制を設けることよりも、むしろ、事業所ごとの実情に応じ、柔軟なコミュニケーションを集団的労使関係の中で行うことができるような枠組みを設けることの方が重要であるとの意見があった。

パートタイム労働者について、労働組合への組織率は近年上昇傾向にあるものの、特に、業種によっては必ずしもパートタイム労働者の意見が十分反映され得る状況にはないと考えられることから、事業所内における集団的労使関係の在り方について考慮する必要があり、ドイツやフランスの制度を参考に、事業主、通常の労働者及びパートタイム労働者を構成員とし、パートタイム労働者の待遇等について協議することを目的とする労使委員会を設置することが適当ではないかとの考え方がある。

ただし、日本では、一般的には労使委員会の枠組みは構築されていないことから、パートタイム労働者についてのみ同制度を構築することに関して検討が必要となろう。

3 教育訓練

○　パートタイム労働者に対するキャリア形成のための教育訓練について
は、経営戦略に応じて行われるものであること等を踏まえると、法律等
により一律の基準を設け、事業主に義務付けることは困難であり、むし
ろ、事業主が、パートタイム労働者の活用方針について行動計画を作成
し、その中に、パートタイム労働者のキャリア・ラダー（注１）の整備
や、これに応じたパートタイム労働者に対する計画的な教育訓練の実施
を盛り込むこととし、それに対して、政策的なインセンティブを付与し
誘導していくことが考えられる。

　（注１）「現在の仕事に固定されることなく条件の良い仕事へ移行が
　　　　可能な環境」のことをいう。

　この場合、教育訓練と、待遇改善、通常の労働者への転換等の問題に
ついては、相互に関連するものであるため、これらを一体として行動計
画に盛り込むことが適当である。

○　また、職業訓練により得られたパートタイム労働者の経験・能力を評
価しやすい仕組みを普及させる必要があると考えられ、「ジョブ・カー
ド制度」、「職業能力評価基準」、「キャリア段位制度」の一層の普及・促
進が重要であり、パートタイム労働者個人の能力開発支援への強化も併
せて重要になると考えられる。

4　通常の労働者への転換の推進

(1)　通常の労働者への転換の推進

○　好事例や調査から、パートタイム労働者を活用しようとの経営戦略
を採る事業主の下では、パートタイム労働者のキャリア・ラダーが設
けられ、その結果、通常の労働者への転換が促進される傾向がみられ
ている。

　また、フルタイムの通常の労働者の働き方を変え、労働時間を短く
することが、パートタイム労働者からフルタイムの通常の労働者への
転換や、短時間正社員制度の導入を促進することに資するものと考え
られる。

　したがって、フルタイムの通常の労働者の長時間労働の是正を図り
つつ、パートタイム労働者の能力を有効に発揮させる観点から、事業
主自らが行動計画を作成し、その中で、パートタイム労働者のキャリ

ア・ラダーを設け、計画的な教育訓練を実施し、最終的に、正社員へ転換するための措置を講じることを促進するアプローチが考えられる。

(2) 「勤務地限定」、「職種限定」の無期労働契約

○ 「勤務地限定」、「職種限定」の無期契約労働者については、勤務地や職種が限定されていることを志向するパートタイム労働者のニーズに対応し、かつ、無期労働契約となることから、パートタイム労働者の雇用が安定すると考えられる一方で、事業所の閉鎖や職種の廃止の際の雇用保障の在り方について整理が必要と指摘されており、今後、関連判例の内容の整理が必要であると考えられる。

○ また、事業主がパートタイム労働者に対し、「勤務地限定」等の無期契約労働者の選択肢を提示する場合には、その旨を十分に説明するよう義務付ける必要があるのではないかとの意見や、パートタイム労働者にとって、現行の転換措置の水準を切り下げないようにするためには、キャリアアップの観点から、「勤務地限定」等の無期契約労働者に対し、教育訓練等の支援を行うことが必要ではないかとの意見があった。

(3) パートタイム労働とフルタイム労働との間の相互転換

○ EUパートタイム労働指令では、使用者は、可能な限り、パートタイム労働とフルタイム労働との間の転換の希望や、両者の間の転換に関する情報提供を考慮するよう定められている。これを受け、EU諸国では、労働者が労働時間を柔軟に選択できるようにするため、パートタイム労働とフルタイム労働との間の相互転換を促進する法制をとっている。

○ このような相互転換は、パートタイム労働のメリットをより広げるものであり、多様な働き方を選択できる環境作りの一つとして、また、ワーク・ライフ・バランスの観点からも有効と考えられる。

しかしながら、通常の労働者とパートタイム労働者との間の待遇の格差が大きい日本では、まずは、両者の間の待遇の格差を是正していくことが必要であり、相互転換については、その状況を見極めつつ実現を目指していくことが考えられる。

5 パートタイム労働法の実効性の確保

(1) **事業主に対する報告徴収、勧告等**

○ 他法の規定例も参考に、事業主が、都道府県労働局雇用均等室による勧告に従わなかった場合のその旨の公表や、過料を課す対象の拡大を検討することが考えられる。

(2) **紛争解決援助**

○ 紛争解決援助の対象範囲を努力義務規定に広げることも考えられるが、第9条に係る紛争解決援助の際、賃金の均衡をどの程度図ればよいか等についてメルクマールとなるような判例の集積があるかどうか、また、第9条において賃金水準に言及していない中、都道府県労働局長の助言等や均衡待遇調停会議による調停案の中で、賃金の水準に言及することが適当かという問題点も含め、検討する必要があると考えられる。

(3) **その他**

○ パートタイム労働者にとって利用しやすく、かつ法の実現が確実に図られるような手段が講じられることが重要であり、パートタイム労働法の実効性を高める手段について、さらに検討を進めることが有益であるが、EU諸国における動向等も踏まえ、実体規制を通じた法違反による事後救済と併せて、当事者自らによる改善に向けた取組を促す手続規制の活用も、今後重要になると考えられる。

6 その他

(1) **フルタイム無期契約労働者の取扱い**

○ 有期労働契約の在り方についての検討でも、パートタイム労働法でも、フルタイム無期契約労働者（注2）については、保護の対象から外れるものであるため、今後、その実態を踏まえ、何らかの保護が図られるよう検討すべきであるとの意見があった。

（注2） 無期契約であるが、長期的な観点からキャリア形成を含めた待遇が決定されていない労働者であって、通常の労働者を除く。

(2) **税制、社会保険制度等関連制度**

○ 「社会保障・税一体改革」の中で、働き方に中立的な制度を目指すとともに、国民年金に加入している非正規雇用者の将来の年金権の確立等のため、厚生年金制度及び健康保険制度の適用拡大が検討されて

いる。

就業調整は、パートタイム労働者本人の職業能力の発揮や、待遇改善の機会を阻害するのみならず、賃金の上昇を抑制し、労働市場における賃金決定機能を歪めるものであることから、働き方に中立的な税・社会保険制度の構築を早急に図ることが必要である。

なお、労使間の協議を通じて配偶者の所得を基準とする家族手当の在り方について改善を図ることが期待される。

② 今後のパートタイム労働対策について（建議）

平成24.6.21　労働政策審議会

○　労働政策審議会雇用均等分科会は、「短時間労働者の雇用管理の改善等に関する法律の一部を改正する法律」（平成19年法律第72号）附則第7条の検討規定に基づき、昨年9月以降、同法による改正後の「短時間労働者の雇用管理の改善等に関する法律」（平成5年法律第76号。以下「パートタイム労働法」という。）の施行状況等を勘案し、今後のパートタイム労働対策の在り方について審議してきた。

○　人口減少社会を迎え、労働力供給が制約される日本では、「全員参加型社会」の実現と、日本経済の発展と社会の安定の基礎となる「分厚い中間層」の復活が課題となっている。

　　このような中、様々な事情により就業時間に制約のある者が従事しやすく、雇用者のうち4人に1人以上が実際に従事しているパートタイム労働という働き方の環境整備が必要であり、パートタイム労働者の均衡待遇の確保を一層促進していくとともに、均等待遇を目指していくことが求められる。

○　また、短時間であることから働き方が多様となるパートタイム労働者の待遇について、労使間のコミュニケーションの円滑化により納得性を向上させ、あわせてパートタイム労働者に対する継続的な能力形成も進めていく必要がある。

○　有期労働契約の期間の定めのない労働契約への転換、期間の定めがあることを理由とする不合理な労働条件の禁止等を内容とする「労働契約法の一部を改正する法律案」、パートタイム労働者に対する厚生年金・健康保険の適用拡大の措置を含む「公的年金制度の財政基盤及び最低保障機能の強化等のための国民年金法等の一部を改正する法律案」が国会に提出されている状況の下、このような動きを念頭に対応していくことが必要である。

○　以上のような点を考慮し、今後のパートタイム労働対策として下記の事項について法的整備も含め所要の措置を講ずることが適当であると考える。

○　なお、今後、パートタイム労働対策について検討を行うに当たっては、

労働契約法の一部を改正する法律が成立した場合、その施行状況等をも勘案して行うことが適当である。

記

1 パートタイム労働者の均等・均衡待遇の確保

(1) 有期労働契約法制の動向を念頭に、パートタイム労働法第8条については、①3要件から無期労働契約要件を削除するとともに、②職務の内容、人材活用の仕組み、その他の事情を考慮して不合理な相違は認められないとする法制を採ることが適当である。

(2) 職務の内容が通常の労働者と同一であって、人材活用の仕組みが通常の労働者と少なくとも一定期間同一であるパートタイム労働者について、当該一定期間は、通常の労働者と同一の方法により賃金を決定するように努めるものとされているパートタイム労働法第9条第2項について、有期労働契約法制の動向を念頭に、削除することが適当である。

(3) 通勤手当は、パートタイム労働法第9条第1項の均衡確保の努力義務の対象外として例示されているが、多様な性格を有していることから、上記(1)の見直しに合わせ、一律に均衡確保の努力義務の対象外とすることは適当ではない旨を明らかにすることが適当である。

2 パートタイム労働者の雇用管理の改善

(1) パートタイム労働者の「雇用管理の改善等に関する措置」(賃金に関する均衡、教育訓練の実施、福利厚生施設の利用、通常の労働者への転換等)に関し、事業主が、パートタイム労働者の雇入れ時等に、当該事業所で講じている措置の内容について、パートタイム労働者に説明することが適当である。

(2) 事業主は、パートタイム労働者からの苦情への対応のために担当者等を定めるとともに、パートタイム労働者の雇入れ時等に周知を図ることが適当である。

(3) 事業主は、パートタイム労働者がパートタイム労働法第13条に定める待遇の決定に当たって考慮した事項の説明を求めたことを理由として、解雇その他不利益な取扱いをしてはならない旨、「事業主が講ずべき短時間労働者の雇用管理の改善等に関する措置等についての指針」(平成19年厚生労働省告示第326号。以下「パートタイム労働指針」という。)

に規定されているが、これを法律に位置付けることが適当である。

(4) 厚生労働大臣は、パートタイム労働者の雇用管理の改善等に関し必要な事項について調査、研究、資料の整備に努めるものとされているパートタイム労働法第42条の規定に基づき、教育訓練の実施やパートタイム労働者に関する評価制度（職務評価・職業能力評価）について資料の整備を行い、必要な事業主に対し提供することを促進していくことが適当である。

3　その他

(1)　パートタイム労働者が親族の葬儀等のために勤務しなかったことを理由として解雇等が行われることは適当でない旨をパートタイム労働指針に規定することが適当である。

(2)　報告徴収の実効性を確保するため、報告を拒否又は虚偽の報告をした事業主に対する過料の規定を整備するとともに、勧告に従わなかった事業主の公表の規定を整備し、さらに、勧告を行う場合であって必要と認められるときに措置計画の作成を求めることができるようにすることが適当である。

(3)　行政刷新会議「事業仕分け」で、短時間労働援助センターの在り方について法改正を含めて対応するよう指摘されたことから、同センターを廃止することが適当である。

4 統計資料

1 パートタイム労働の現状

○ パート労働者は近年増加しており、平成25年には約1,568万人。
○ 雇用者総数（5,399万人）の約3割を占める。
○ パート労働者の約7割が女性。

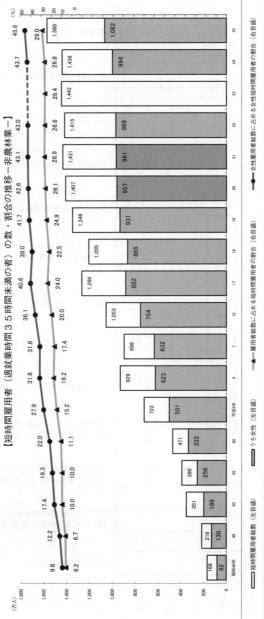

(注) (1)「短時間雇用者」は、非農林業雇用者（休業者を除く。）のうち、週就業時間35時間未満の者をいう。「雇用者総数」は補完推計値であり、「短時間雇用者総数に占める短時間雇用者の割合」は補完推計値で計算した参考値である。
(2) 平成23年の「短時間雇用者総数（女性）」及び「短時間雇用者（女性）」については、補完推計を行っていないため、「短時間雇用者総数に占める女性短時間雇用者の割合（うち女性）」及び「女性雇用者総数に占める女性短時間雇用者の割合」については記載していない。
(資料出所) 総務省統計局「労働力調査」

② 平成19年の改正パートタイム労働法の施行を機に事業主が実施した措置の状況

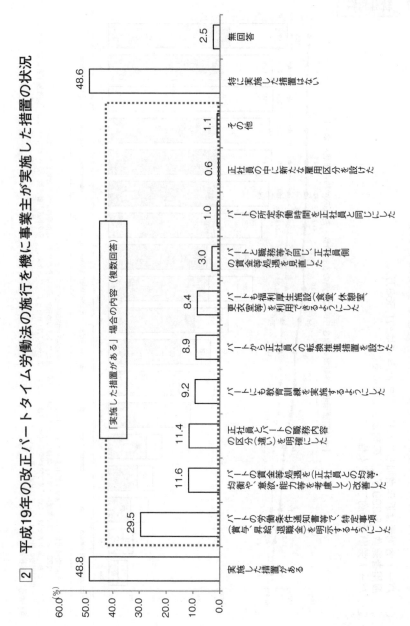

(注) 東日本大震災の影響により被災3県（岩手県、宮城県、福島県）を除いた数値となっている。
(資料出所) パートタイム労働者総合実態調査（平成23年）（厚生労働省）

Ⅵ 参 考 資 料

3 現在の会社や仕事に対する不満・不安

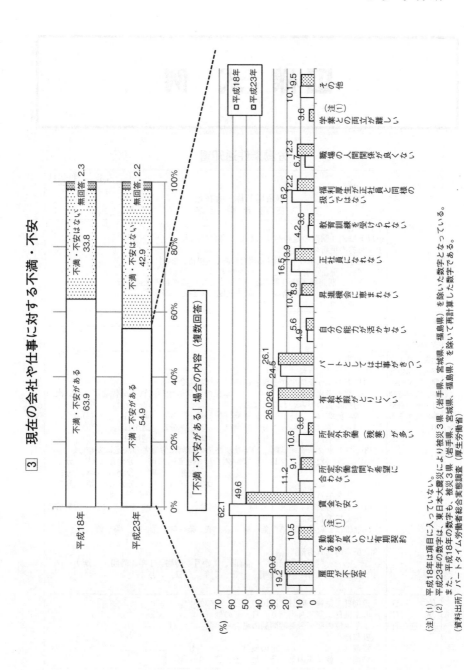

(注)(1) 平成18年は項目に入っていない。
　　(2) 平成23年の数字は、東日本大震災により被災3県（岩手県、宮城県、福島県）を除いた数字となっている。
　　　また、平成18年の数字も、被災3県（岩手県、宮城県、福島県）を除いて再計算した数字である。
（資料出所）パートタイム労働者総合実態調査（厚生労働省）

159

Ⅶ 様 式 例

労働条件通知書

<table>
<tr><td colspan="2"></td><td>年　月　日</td></tr>
<tr><td colspan="3">＿＿＿＿＿＿　殿
　　　　　　事 業 場 名 称・所 在 地
　　　　　　使 用 者 職 氏 名</td></tr>
<tr><td>契約期間</td><td colspan="2">期間の定めなし、あり（　年　月　日～　年　月　日）
※以下は、「期間の定めあり」とした場合に記入
　1　契約の更新の有無
　　［自動的に更新する・更新する場合がある・更新しない］
　2　契約の更新の有無は次により判断する。
　　・契約期間満了時の業務量　　・従事している業務の進捗状況
　　・本人の能力・勤務成績・勤務態度　・会社の経営状況
　　・その他（　　　　　　　　　　　　　　　　　）</td></tr>
<tr><td>就業の場所</td><td colspan="2"></td></tr>
<tr><td>従事すべき
業務の内容</td><td colspan="2"></td></tr>
<tr><td>始業・終業の
時刻、休憩時
間、就業時転
換、所定時間
外労働の有無
等に関する事
項</td><td colspan="2">1　始業・終業の時刻等
　(1)　始業（　　時　　分）　終業（　　時　　分）
　【以下のような制度が労働者に適用される場合】
　(2)　変形労働時間制等；（　　）単位の変形労働時間制・交替制として、次の
　　　勤務時間の組み合わせによる。
　　─始業（　　時　　分）終業（　　時　　分）（適用日　　　　）
　　─始業（　　時　　分）終業（　　時　　分）（適用日　　　　）
　　─始業（　　時　　分）終業（　　時　　分）（適用日　　　　）
　(3)　フレックスタイム制；始業及び終業の時刻は労働者の決定に委ねる。
　　　　　（ただし、フレキシブルタイム（始業）　時　分から　時　分、
　　　　　　　　　　　　　　　　　　　　（終業）　時　分から　時　分、
　　　　　　　　　　　　　　　　　　コアタイム　時　分から　時　分）
　(4)　事業場外みなし労働時間制；始業（　　時　　分）終業（　　時　　分）
　(5)　裁量労働制；始業（　　時　　分）終業（　　時　　分）を基本とし、労働者の
　　　決定に委ねる。
　○詳細は、就業規則第　条～第　条、第　条～第　条、第　条～第　条
2　休憩時間（　　）分
3　所定時間外労働
　　　（有　（1週　　時間、1か月　　時間、1年　　時間）、無　）
4　休日労働（有　（1か月　　日、1年　　日）、無　）</td></tr>
<tr><td>休　　　　日
及　　　　び
勤　務　日</td><td colspan="2">・定例日；毎週　曜日、国民の祝日、その他（　　　　　　　　　　）
・非定例日；週・月当たり　日、その他（　　　　　　　　　　　）
・1年単位の変形労働時間制の場合－年間　　　日
（勤務日）
　毎週（　　　　　　）、その他（　　　　　）
○詳細は、就業規則第　条～第　条、第　条～第　条</td></tr>
</table>

160

Ⅶ 様 式 例

休　　　暇	1　年次有給休暇　6か月継続勤務した場合→　　　　　　　　　日 　　継続勤務6か月以内の年次有給休暇（有・無） 　　→　　か月経過で　日 　　時間単位年休（有・無） 2　その他の休暇　有給（　　　　　　　　） 　　　　　　　　　無給（　　　　　　　　） ○詳細は、就業規則第　条〜第　条、第　条〜第　条
賃　　　金	1　基本賃金　イ　月給（　　　　　　円）、ロ　日給（　　　　　　円） 　　　　　　　ハ　時間給（　　　　円）、 　　　　　　　ニ　出来高給（基本単価　　　円、保障給　　　　円） 　　　　　　　ホ　その他（　　　　円） 2　諸手当の額又は計算方法 　　イ（　　　　手当　　　円　／計算方法：　　　　　） 　　ロ（　　　　手当　　　円　／計算方法：　　　　　） 　　ハ（　　　　手当　　　円　／計算方法：　　　　　） 3　所定時間外、休日又は深夜労働に対して支払われる割増賃金率 　　イ　所定時間外、法定超　月60時間以内（　　　）％ 　　　　　　　　　　　　月60時間超　（　　　）％ 　　　　　　　　　所定超（　　　）％ 　　ロ　休日　法定休日（　　　）％、法定外休日（　　　）％ 　　ハ　深夜（　　　）％ 4　賃金締切日（　　　）－毎月　日、（　　　）－毎月　日 5　賃金支払日（　　　）－毎月　日、（　　　）－毎月　日 6　賃金の支払方法（　　　　　　　　） 7　労使協定に基づく賃金支払時の控除（無・有（　　　）） 　┌─────────────────────────────┐ 　│8　昇給（　有（時期、金額等　　　　　）、　無）│ 　│9　賞与（　有（時期、金額等　　　　　）、　無）│ 　│10　退職金（　有（時期、金額等　　　　　）、　無）│ 　└─────────────────────────────┘
退職に関する事項	1　定年制（　有（　　歳）、　無　） 2　継続雇用制度（　有（　　歳まで）、　無　） 3　自己都合退職の手続（退職する　　日以上前に届け出ること） 4　解雇の事由及び手続 　　［　　　　　　　　　　　　　　　　　　　　　　　］ ○詳細は、就業規則第　条〜第　条、第　条〜第　条
その他	・社会保険の加入状況（健康保険　厚生年金　厚生年金基金　その他（　　）） ・雇用保険の適用（　有　、　無　） 　┌────────────────────────────┐ 　│・雇用管理の改善等に関する事項に係る相談窓口　　　　│ 　│　部署名　　　　担当者職氏名　　　（連絡先　　　　）│ 　└────────────────────────────┘ ・その他 　［　　　　　　　　　　　　　　　　　　　　　　　］ ・以上のほかは、当社就業規則に定めるところによる。 （適用される就業規則（　　　　　　　　　　）） 　┌──────────────────────────────────┐ 　│※以下は、「契約期間」について「期間の定めあり」とした場合についての説明です。│ 　│　　労働契約法第18条の規定により、有期労働契約（平成25年4月1日以後に開始│ 　│　するもの）の契約期間が通算5年を超える場合には、当該労働契約の期間の末日│ 　│　までに労働者から申込みをすることにより、当該労働契約の期間の末日の翌日か│ 　│　ら期間の定めのない労働契約に転換されます。│ 　└──────────────────────────────────┘

※　本通知書の交付は、労働基準法第15条の規定に基づく労働条件の明示及び短時間労働者の雇用管理の改善等に関する法律第6条の規定に基づく文書の交付を兼ねるものです。
※　破線内の事項は、短時間労働者の雇用管理の改善等に関する法律により、文書による明示が義務付けられている事項です。
※　本通知書は一つのモデル様式であり、労働条件の定め方によっては、この様式どおりとする必要はありません。
※　本通知書については、労使間の紛争の未然防止のため、保存しておくことが望ましいものです。

161

改 正
パートタイム労働法の詳解

| 2015年3月25日　発行 | 定価（本体1,200円＋税） |

編　者　　　　労働法令協会
発行所　株式会社　労 働 法 令

〒104-0033　東京都中央区新川2−1−6丸坂ビル
TEL　03−3552−4851
FAX　03−3552−4857

落丁・乱丁はお取り替えします。　　　　　　　　ⓒ2015
ISBN978-4-86013-315-3 C2032 ¥1200E

奥付

アートセラピー入門臨床の探求

2018年3月15日　初版　　　　　定価（本体1200円＋税）

著　者　　　　　　労働法学研究

発行所　日本法令　小　関　覚　也

〒104-0033　東京都中央区新川1－6－9　新川ビル
TEL 03－7632－4831
FAX 03－7632－1872

ISBN978-4-860J3-315-3 C2035 ¥1200E